# 모티브로 만드는 소품과 의류

Lady Boutique Series No. 8616 KYO MO ASHITA MO KAGIBARIAMI MOTIFAMI NO KOMONO TO WEAR
Copyright © 2025 Boutique-sha, Inc.
All rights reserved.
Original Japanese edition published by Boutique-sha, Inc., Tokyo.
This Korean language edition is published by arrangement with Bouticue-sha, Inc., Tokyo in care of Tuttle-Mori Agency, Inc., Tokyo through BC Agency, Seoul.

이 책의 한국어판 저작권은 BC에이전시를 통해 저작권자와 독점계약을 맺은 지금이책에 있습니다.
저작권법에 의해 한국 내에서 보호를 받는 저작물이므로 무단전재와 복제를 금합니다.

자꾸만 뜨고 싶은 코바늘 손뜨개

# 모티브로 만드는 소품과 의류

부티크사 편집부 지음 | 김한나 옮김 | 김수산나 감수

## Contents

06  모티브 알 라 카르트
08  코스터
09  테이블매트
10  덜티 커버
12  스트랩 코드
14  바부슈카 & 네트백
16  드일리
17  스트링 파우치
18  캐미솔
20  테트라 파우치
21  카드케이스
22  마르셰백
24  그레임 파우치
25  미니백
26  서머 풀오버
28  에코백
29  리조트백
30  버킷햇 & 버킷백
32  숄
34  반소매 카디건
36  스톨
38  티슈케이스 커버
39  쿠션 커버
40  무릎 덮개

42  이 책에서 사용한 실

94  뜨개질을 시작하기 전에
95  기초 테크닉

## introduction

하나를 뜨고 나면 하나 더... 계속 뜨고 싶어지는 모티브.

이 책에는 봄여름용 실로 뜬 모티브를 연결해 만든 소품과 옷을 모아놓았습니다.

집에서 보내는 시간에도 외출할 때도 딱 어울리는 아이템들이에요.

오늘도 내일도 코바늘로 모티브를 떠보세요!

# Motif a la carte
모티브 알 라 카트

이 책에서 사용하는 모티브를 무작위로 모아봤습니다.
모양과 색을 마음껏 응용할 수 있어서 설레지 않나요? 자꾸자꾸 뜨면서 모티브 뜨기를 즐겨보세요!

## 코스터

팔각형, 꽃무늬, 사각형 모티브...
1장만 뜨면 바로 완성되는 코스터.
모두 단순하면서도 세련된 디자인입니다.

**HOW TO MAKE 1.2.3:43P / 4:44P**

실 / 1·2·4 하마나카 워시 코튼
    3 하마나카 워시 코튼 '크로셰'
디자인 / Riko 리본

**HOW TO MAKE 44P**

실 / 하마나카 워시 코튼
디자인 / Riko 리본

**테이블매트**

no. 4의 모티브를 연결하면 다이아몬드 무늬가 나타나요.
테이블매트 크기로 응용해봤습니다.

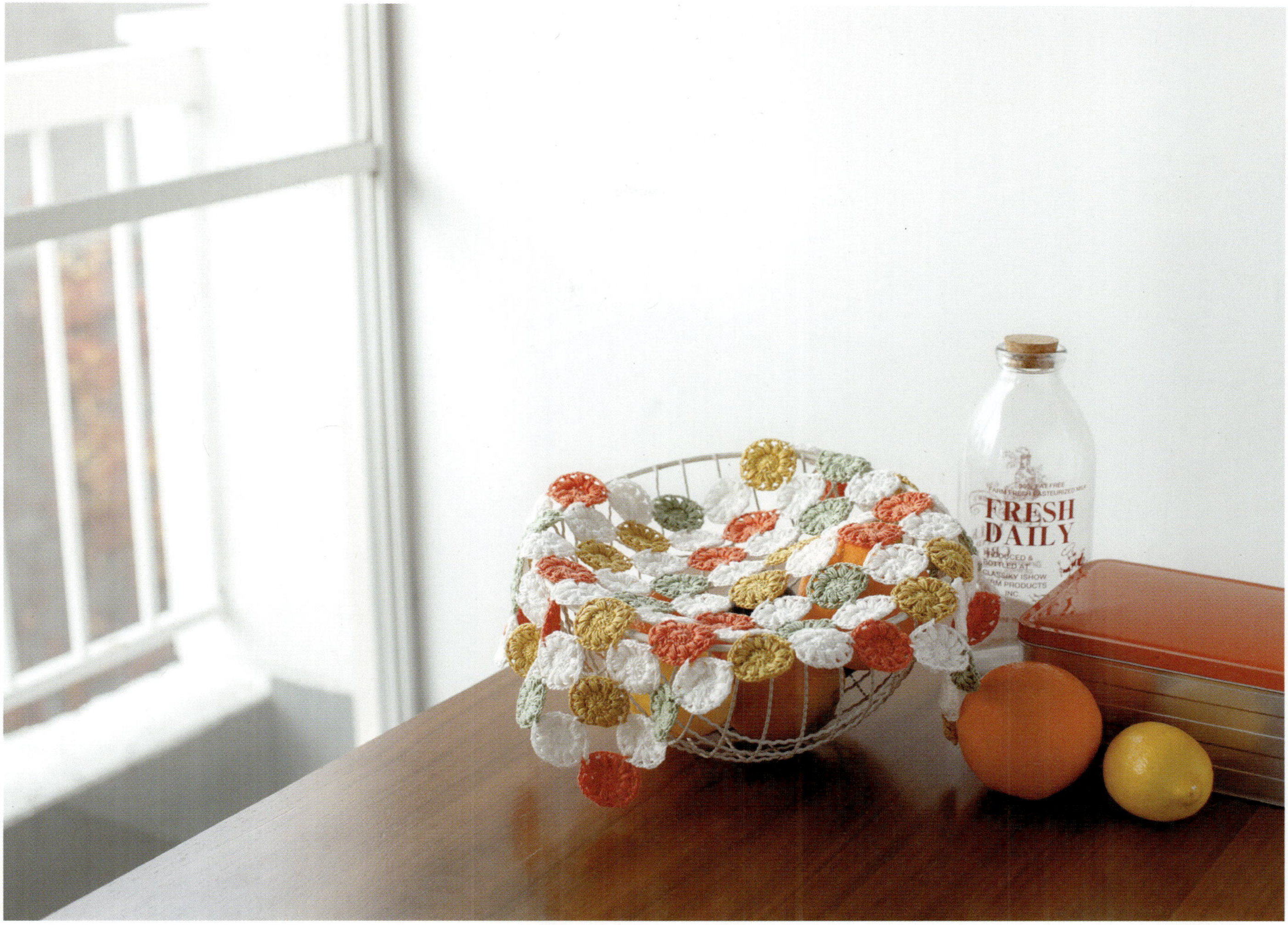


Nº
06

## 멀티 커버

알록달록한 사탕을 이미지화한 원형 모티브. 밝고 즐거운 느낌이 들게 배색해서 멀티 커버로 만들었습니다.

**HOW TO MAKE 46P**

실 / 하마나카 워시 코튼 '크로셰'
디자인 / lunedi777

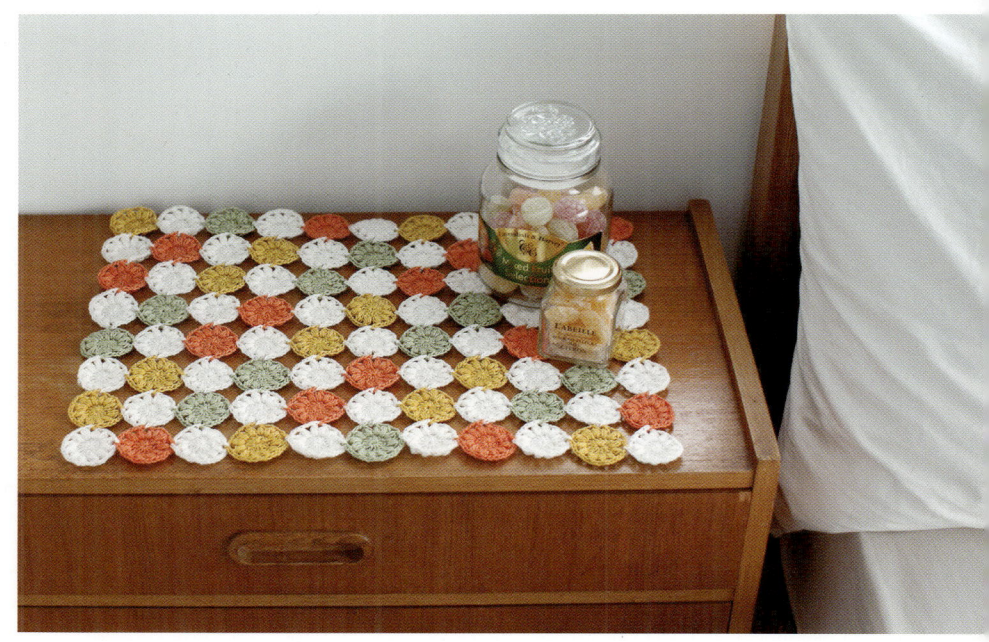

## 스트랩 코드

나란히 이어지는 원형 모티브가 귀여운 스트랩 코드. 모티브 2장을 겹쳐서 연결하기 때문에 튼튼하고 두께감이 있으며 실용성 있게 완성됩니다.

**HOW TO MAKE 93P**

실 / 하마나카 워시 코튼 '크로셰'
디자인 / YURURU

## 바부슈카 & 네트백

한국에서 인기 있는 바부슈카(러시아의 전통 스카프로, 삼각형 천을 머리에 둘러 턱 밑에서 묶어 쓴다-옮긴이)는 최근 주목받는 아이템이에요. 가방은 사슬뜨기로 만든 꽃잎을 연결해서 시원해 보입니다. 둘 다 마거리트를 이미지화한 모티브를 이어 만들었습니다.

**HOW TO MAKE 9:48P / 10:50P**

실 / 하마나카 워시 코튼
디자인 / 9 ATELIER *mati*
10 marshell
제작 / 10 아오노 미키

## 도일리

원형으로 펼쳐지는 하트 모티브가 소녀 감성을 자극하는 도일리. 화려해서 시선을 끕니다.

**HOW TO MAKE 52P**

실 / 하마나카 워시 코튼 '크로셰'
디자인 / 가와지 유미코

№ 11

## 스트링 파우치

한가운데에 하트를 떠서 넣은 사각형 모티브가 엄청 귀여워요! 모티브 2장을 합친 미니 스트링 파우치는 손쉽게 뜰 수 있어서 추천합니다.

**HOW TO MAKE 54P**

실 / 하마나카 폼 릴리 '과일 염색'
디자인 / mimi

데님 팬츠 / 앤트게이지ANTGAUGE

리본 끈으로 묶는 디자인이라서
앞뒤를 뒤집어서 입어도 멋있어요.

## 캐미솔

작은 사각형 모티브를 연결한 짧은 길이의 캐미솔. 선명한 체리핑크 색상을 선택해서 밝은 인상으로 완성했습니다.

**HOW TO MAKE 56P**

실 / 하마나카 워시 코튼 '크로셰'
디자인 / ATELIER *mati*

## 테트라 파우치

삼각형 모티브 4장을 연결한 정사면체 모양의 파우치. 사탕이나 립스틱 등을 넣기에 딱 좋은 크기입니다.

**HOW TO MAKE 58P**

실 / 하마나카 카폭 코튼
디자인 / 가네코 쇼코

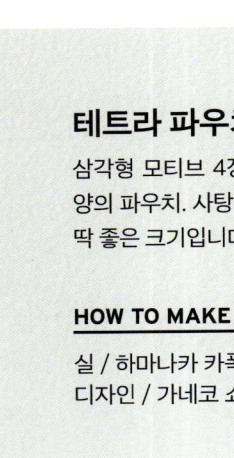

오버올 / 앤트게이지

**카드케이스**

사각형 모티브 1장을 종이접기하듯 접어서 완성한 카드케이스.
색을 달리해서 많이 만들어보고 싶어집니다.

N° 18
N° 19
N° 20

**HOW TO MAKE 60P**

실 / 하마나카 폼 베이비 컬러
디자인 / marshell
제작 / 아오노 미키

N° 21

**HOW TO MAKE 61P**

실 / 하마나카 에코안다리아
디자인 / 가네코 쇼코

## 마르셰백

알록달록한 배색도 바탕색을 내추럴한 색으로 뜨면 잘 어우러집니다.
외출이 기대되는 마르셰 백이에요.

## 프레임 파우치

몽실몽실한 꽃잎이 포인트인 작은 꽃 모티브로 만든 프레임 파우치.
그레이시핑크와 펄오렌지 색상을 사용해서 멋스러운 분위기로 연출했습니다.

No 22

No 23

**HOW TO MAKE 64P**

실 / 하마나카 워시 코튼
디자인 / 가와이 마유미
제작 / 세키야 사치코

## 미니백

메탈릭실버 색상의 테이프얀으로 뜬 입체 모티브가 참신한 미니백이에요. 뜨개질하면서 달 수 있는 철제 손잡이를 사용하면 입구가 아름답게 마무리됩니다.

N° 24

**HOW TO MAKE 66P**

실 / 하마나카 에코안다리아
디자인 / 가와이 마유미
제작 / 세키야 사치코

## 서머 풀오버

no. 25는 시크한 색으로 배색해서 크롭 길이로 만들었으며 no. 26은 시원한 남색으로만 뜨고 모티브를 소매와 밑단에 추가해 응용했습니다. 같은 모티브라도 배색과 길이의 균형에 따라 인상이 달라집니다.

**HOW TO MAKE 68P**

실 / 하마나카 워시 코튼 '크로셰'
디자인 / 가와이 마유미
제작 / 오키타 기미코

N° 25

No. 26

모자 / 아트레나ATRENA

N° 27

데님 팬츠 / 앤트게이지

## 에코백

밝은 라임옐로 색상이 산뜻한 인상을 주는 가방입니다. 부피가 있는 병태사라서 숭덩숭덩 뜰 수 있고 속도감 있게 완성됩니다.

**HOW TO MAKE 72P**

실 / 하마나카 카폭 코튼
디자인 / lunedi777

## 리조트백

자연스러운 색상 두 가지로 마무리한 스퀘어백입니다.
해바라기처럼 보이는 모티브로 휴양지 느낌을 살렸습니다!

**HOW TO MAKE 74P**

실 / 하마나카 에코안다리아
디자인 / 기도 다마미

### 버킷햇

크라운 부분에 그래니스퀘어 모티브를 배치한 버킷햇. 폭신폭신 가볍고 시원해서 착용감이 좋은 천연섬유 실로 떴습니다.

**HOW TO MAKE 78P**

실 / 하마나카 카폭 코튼
디자인 / 모치다 아카리

### 버킷백

커다란 그래니스퀘어 모티브를 옆면에 배치한 버킷백. 캐주얼한 스타일에 맞춰서 들고 싶은 디자인입니다.

**HOW TO MAKE 76P**

실 / 하마나카 카폭 코튼
디자인 / 오카 마리코

오버올 / 앤트게이지

**HOW TO MAKE 80P**

실 / 하마나카 워셔블 리넨
디자인 / Tipi tricot

숄

큼직한 꽃 모티브를 무작위로 배색한 대형 숄. 사각거리는 촉감이 기분 좋은 리넨 실은 집에서 세탁할 수 있다는 점도 만족스럽습니다.

## 반소매 카디건

에크루색 바탕에 파란색×베이지색을 조합한 그래니스퀘어 모티브가 부드러운 분위기를 연출합니다. 낙낙한 품과 길이감이 요즘 핫한 실루엣이에요.

**HOW TO MAKE 90P**

실 / 하마나카 워시 코튼
디자인 / 오카 마리코
제작 / 스도 아키요

No 32

데님 팬츠 / 앤트게이지

## 스톨

가운데의 꽃이 눈에 띄는 큼직한 사각형 모티브를 연결한 대형 스톨. 단색으로 뜨면 레이스뜨기처럼 아름답게 완성됩니다.

**HOW TO MAKE 82P**

실 / 하마나카 워시 코튼
디자인 / 가와지 유미코

No 33

원피스 / 앤트게이지

**티슈케이스 커버**

우아한 스모키핑크 색상이 주조를 이루는 티슈케이스 커버. 손잡이가 달려서 벽에 걸어 사용할 수도 있습니다.

**HOW TO MAKE 84P**

실 / 하마나카 워시 코튼
디자인 / blanco

## 쿠션 커버

파란색 계열로 마무리한 팬지 모티브의 쿠션 커버. 차분한 색조라서 어느 방에나 잘 어울립니다.

**HOW TO MAKE 86P**

실 / 하마나카 워시 코튼
디자인 / blanco

뒷면은 단추로 여닫을 수 있어요.

40

큼지막해서 솔로도 사용하기 편해요.

N⁰ 36

**HOW TO MAKE 88P**

실 / 하마나카 워시 코튼
디자인 / 유미

## 무릎 덮개

라즈베리와 베이비핑크의 배색이 도트무늬 같아서 귀여워요!
끈기가 조금 필요하지만 완성하기까지의 과정도 즐길 수 있는 무릎 덮개입니다.

이 책에서 사용한 실

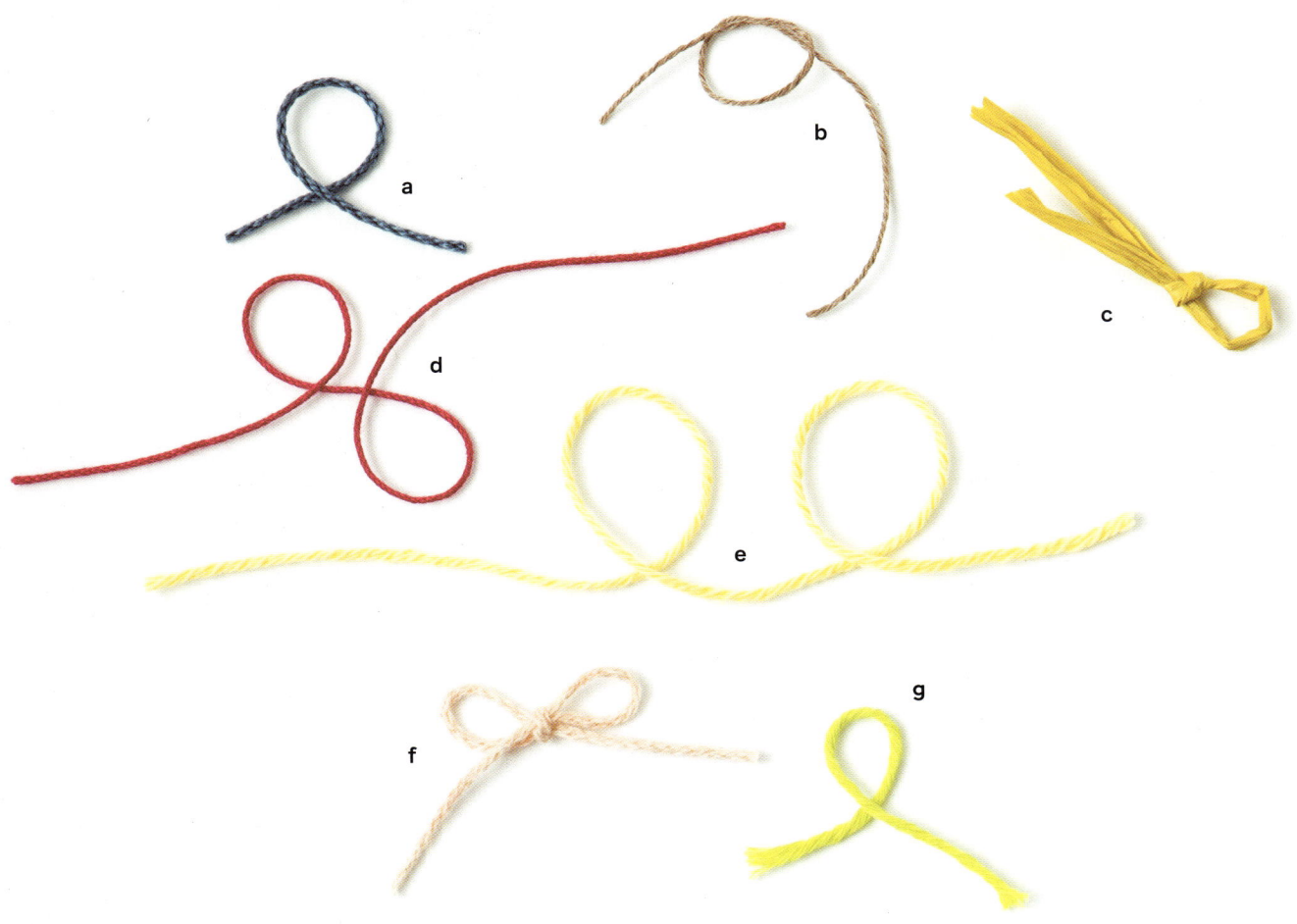

- **a** 하마나카 워시 코튼 HAMANAKA Wash Cotton
  - 면 64%, 폴리에스터 36%
  - 40g 1볼(약 102m) | 코바늘 4/0호

- **b** 하마나카 워셔블 리넨 HAMANAKA Washable Linen
  - 리넨 100%
  - 25g 1볼(약 100m) | 코바늘 3/0호

- **c** 하마나카 에코안다리아 HAMANAKA eco-ANDARIA
  - 레이온 100%
  - 40g 1볼(약 80m) | 코바늘 5/0~7/0호

- **d** 하마나카 워시 코튼 '크로셰' HAMANAKA Wash Cotton 《Crochet》
  - 면 64%, 폴리에스터 36%
  - 25g 1볼(약 104m) | 코바늘 3/0호

- **e** 하마나카 폼 베이비 컬러 HAMANAKA Paume Baby Color
  - 면 100%(퓨어 오가닉 코튼)
  - 25g 1볼(약 70m) | 코바늘 5/0호

- **f** 하마나카 폼 릴리 '과일 염색' HAMANAKA Paume Lily 《フルーツ染め》
  - 면 100%(퓨어 오가닉 코튼)
  - 25g 1볼(약 78m) | 코바늘 5/0호

- **g** 하마나카 카폭 코튼 HAMANAKA Kapok Cotton
  - 면 80%, 식물성 섬유(카폭) 20%
  - 30g 1볼(약 72m) | 코바늘 5/0호

※실은 실물 크기입니다

# 8P  

### ■ 사용하는 실
**하마나카 워시 코튼**
01 청록색(31) 10g
02 흰색(1) 5g
　 분홍색(19) 3g

### ■ 도구
코바늘 4/0호

### ■ 완성 치수
지름 8.5cm

### ■ 뜨는 방법
원형뜨기 시작코를 만들어서 코스터를 뜹니다.

**코스터 뜨개 도안**
4/0호 코바늘

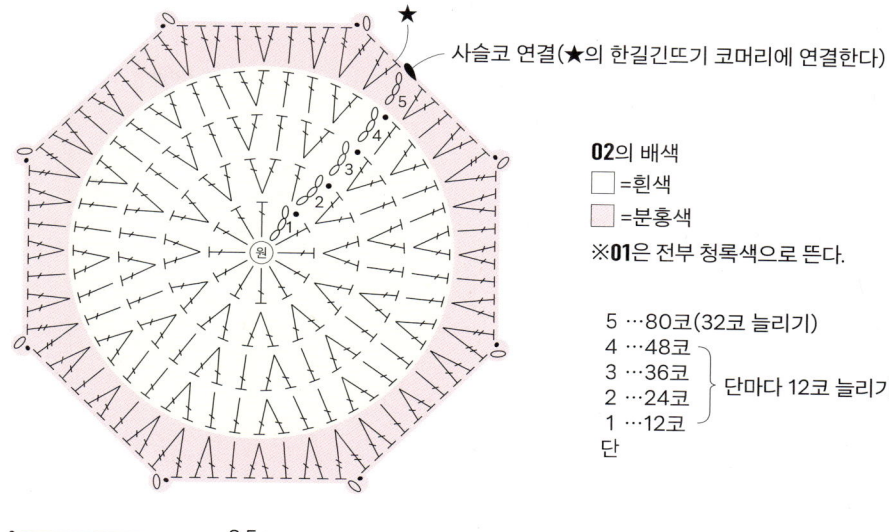

사슬코 연결(★의 한길긴뜨기 코머리에 연결한다)

**02의 배색**
□ =흰색
■ =분홍색

※01은 전부 청록색으로 뜬다.

5 …80코(32코 늘리기)
4 …48코
3 …36코　단마다 12코 늘리기
2 …24코
1 …12코
단

---

# 8P

### ■ 사용하는 실
**하마나카 워시 코튼 '크로셰'**
에크루(102) 6g

### ■ 도구
코바늘 3/0호

### ■ 완성 치수
지름 10cm

### ■ 뜨는 방법
원형뜨기 시작코를 만들어서 코스터를 뜹니다.

**코스터 뜨개 도안**
3/0호 코바늘

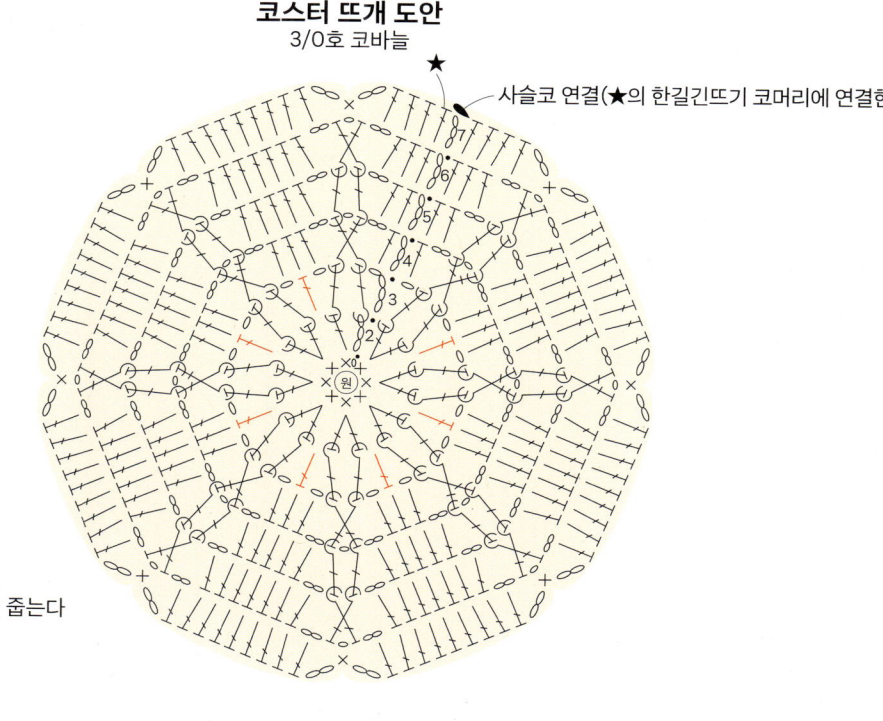

사슬코 연결(★의 한길긴뜨기 코머리에 연결한다)

╂ = 아랫단의 한길긴뜨기와 한길긴뜨기 사이를 묶어 줍는다

### ■ 사용하는 실
**하마나카 워시 코튼**
04 베이지(3) 8g(모티브 1장 분량)
05 베이지(3) 80g

### ■ 도구
코바늘 4/0호

### ■ 완성 치수
04 가로 9㎝, 세로 9㎝
05 가로 35㎝, 세로 26.5㎝

### ■ 뜨는 방법
**04 코스터**
원형뜨기 시작코를 만들어서 코스터를 뜹니다.

**05 테이블보**
1. 원형뜨기 시작코를 만들어서 모티브 1장을 뜹니다.
2. 2번째 장 이후는 마지막 단을 뜨면서 옆의 모티브에 연결해가며 모티브 총 4장을 뜹니다.
3. 같은 방식으로 총 3세트를 만듭니다.
4. 4장씩 연결한 모티브를 1코감아잇기로 연결합니다.
5. 테두리뜨기합니다.

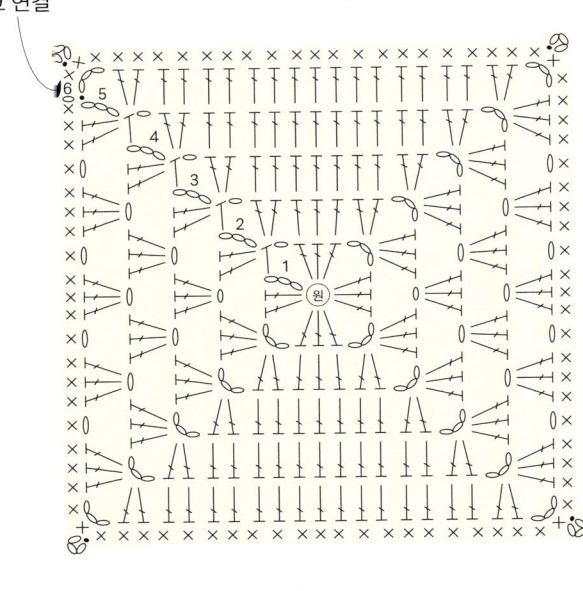

**04 코스터 뜨개 도안**
4/0호 코바늘

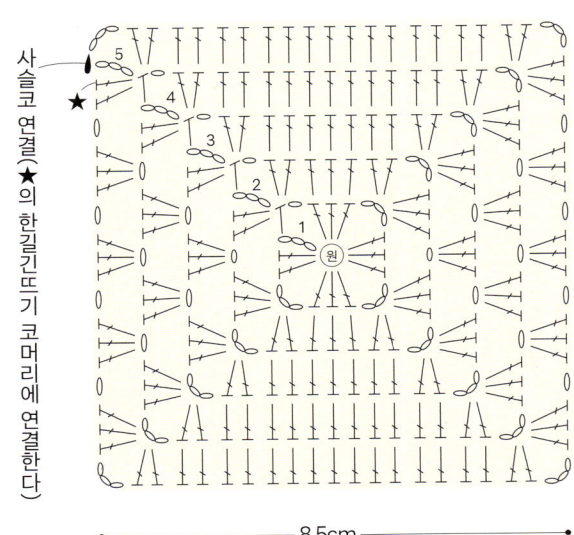

**05 모티브 뜨개 도안**(12장)

**05 테이블보**
4/0호 코바늘

※모티브를 4장씩 뜨면서 연결해 3세트를 만들고 이를 1코감아잇기로 연결한다.

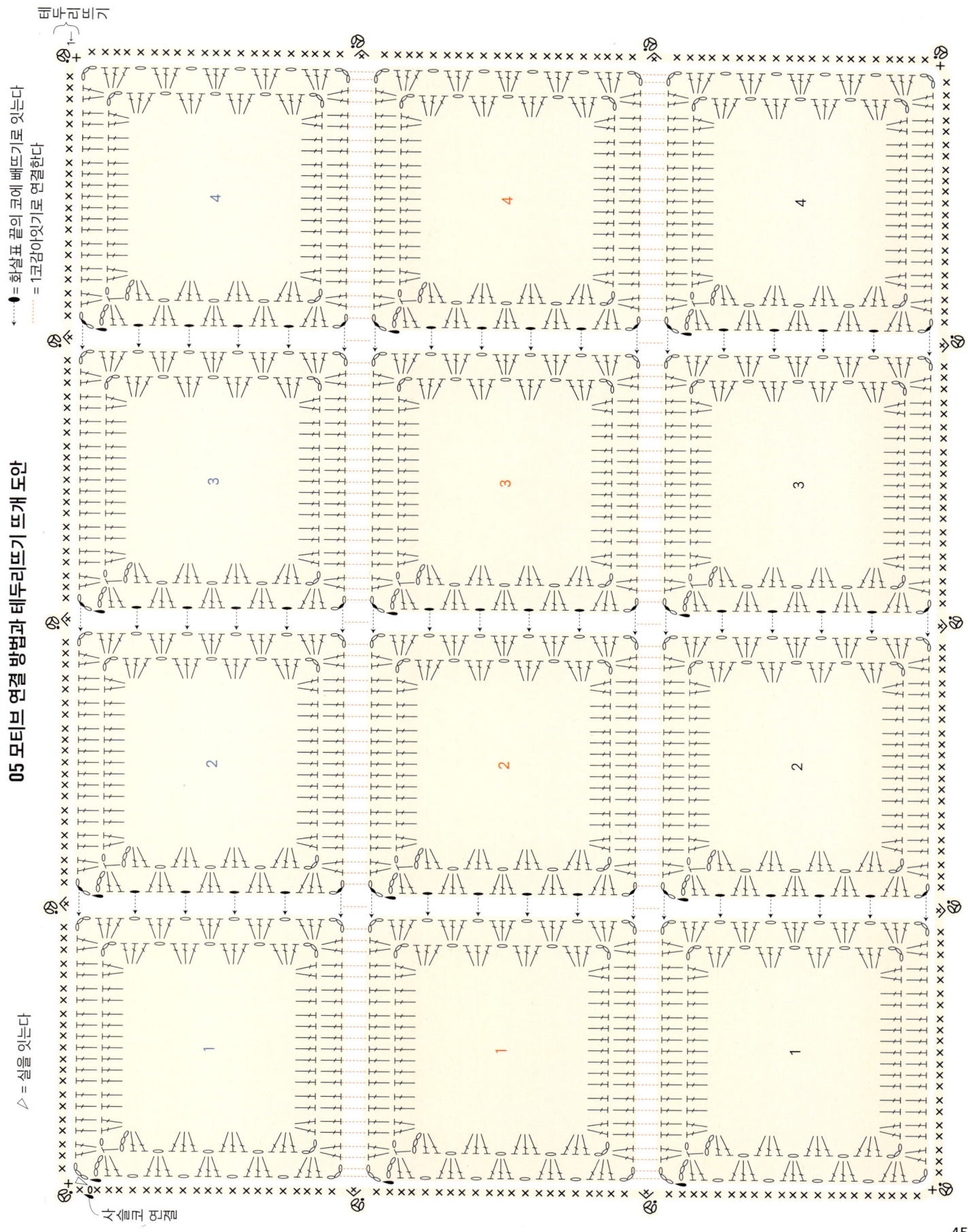

# 10P № 06

■ **사용하는 실**
하마나카 워시 코튼 '크로셰'
흰색(101) 40g
겨자색(104) 15g
연두색(108) 15g
주황색(140) 15g

■ **도구**
코바늘 3/0호

■ **완성 치수**
가로 38.5㎝, 세로 28㎝

■ **뜨는 방법**
1. 원형뜨기 시작코를 만들어서 모티브 1장을 뜹니다.
2. 2번째 장 이후는 마지막 단을 뜨면서 옆의 모티브에 연결해가며 모티브 총 88장을 뜹니다.

## 멀티 커버
모티브 연결
4/0호 코바늘

※모티브는 숫자 순서대로 뜨면서 연결한다.

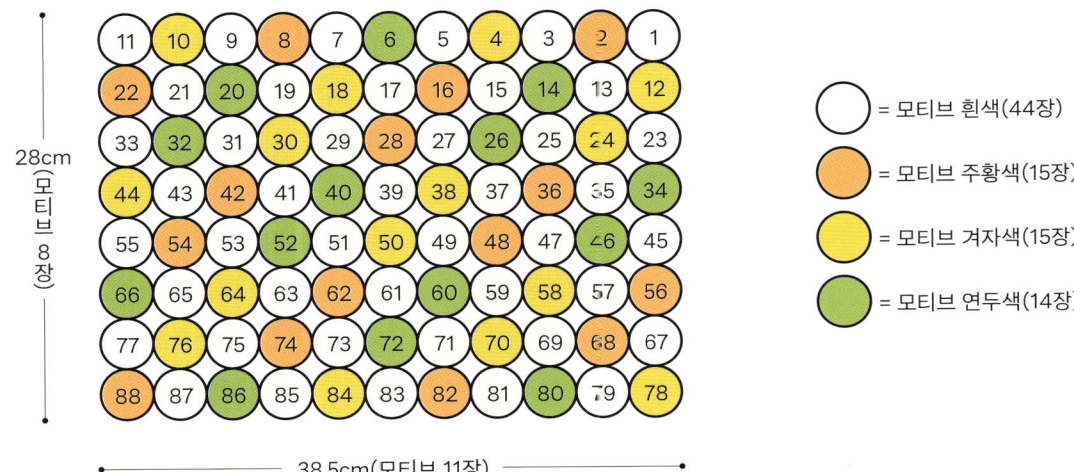

## 모티브 뜨개 도안

# 14P №09

### ■ 사용하는 실
**하마나카 워시 코튼**
연녹색(37) 35g
에크루(2) 25g
겨자색(27) 8g

### ■ 도구
코바늘 5/0호

### ■ 완성 치수
가로 47㎝, 세로 24㎝(끈 제외)

### ■ 뜨는 방법
1. 원형뜨기 시작코를 만들어서 모티브A 1장을 뜹니다.
2. 2번째 장 이후는 마지막 단을 뜨면서 옆의 모티브에 연결해가며 모티브A·B 총 10장을 뜹니다.
3. 테두리뜨기A·B, 끈을 뜹니다.

**모티브 연결 방법과 테두리뜨기A·B·끈 뜨개 도안**

## 바부슈카

5/0호 코바늘

## 모티브A 뜨개 도안

- = 겨자색
- = 에크루
- = 연녹색

## 모티브B 뜨개 도안

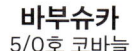

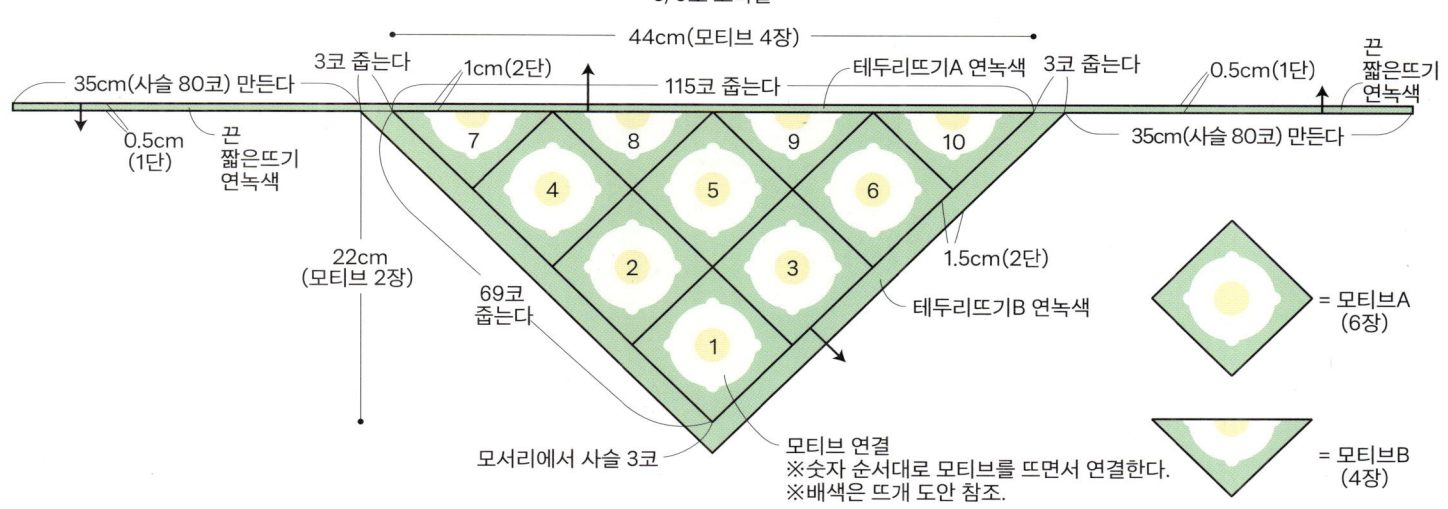

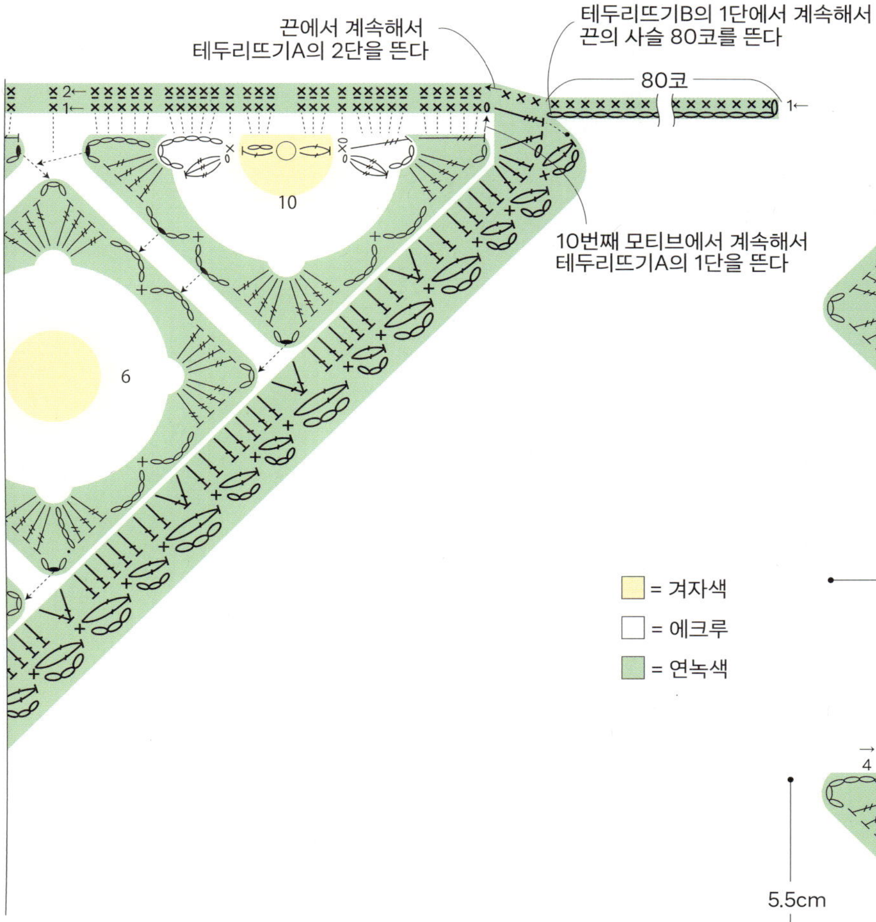

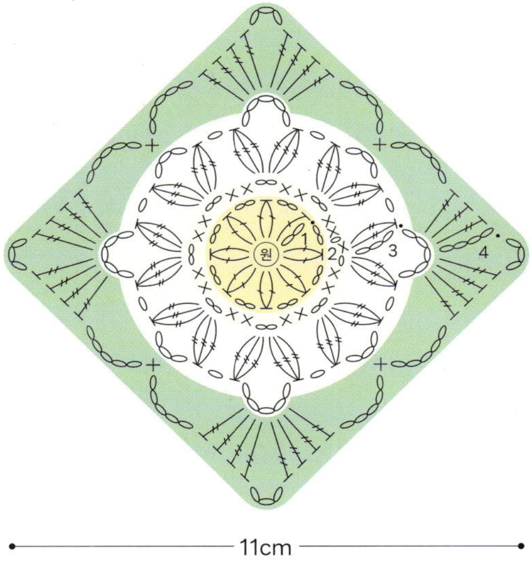

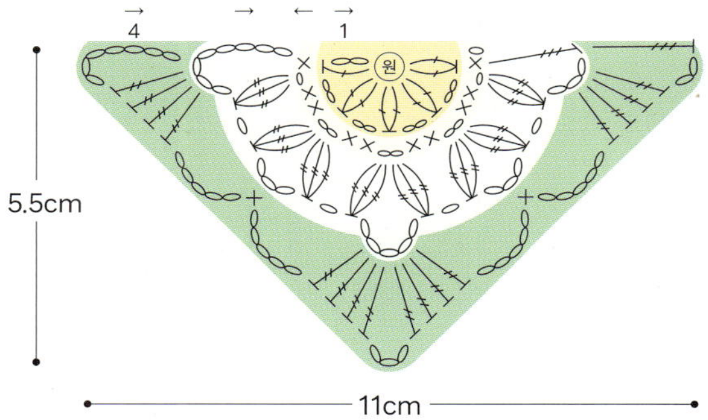

# 14P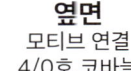

■ **사용하는 실**
하마나카 워시 코튼
에크루(2) 70g
겨자색(27) 15g
연녹색(37) 15g

■ **도구**
코바늘 4/0호

■ **완성 치수**
가로 27.5㎝, 세로 약 29㎝

■ **뜨는 방법**
1. 사슬뜨기로 원형 시작코를 만들어서 모티브 1장을 뜹니다.
2. 2번째 장 이후는 마지막 단을 뜨면서 옆의 모티브에 연결해가며 모티브 총 60장을 뜹니다.
3. 모티브에서 코를 줍고 무늬뜨기로 입구·손잡이를 원통으로 뜹니다.

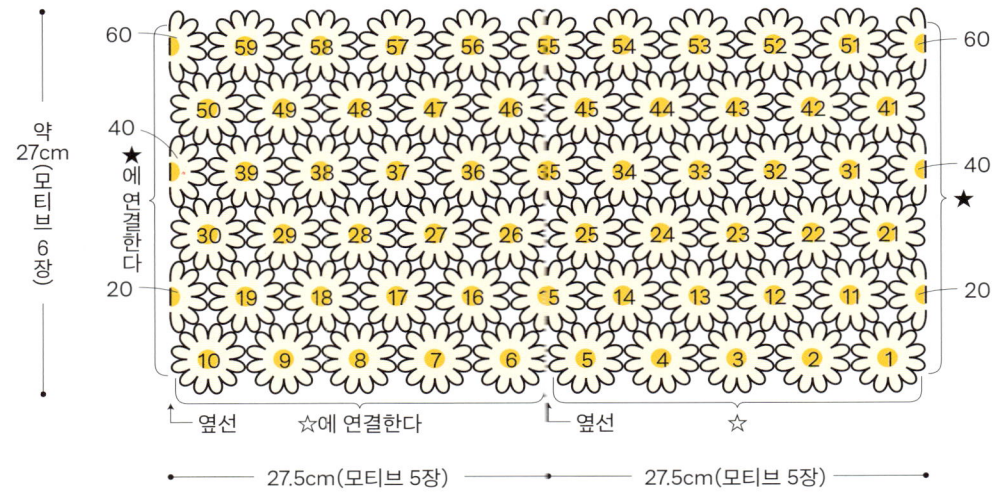

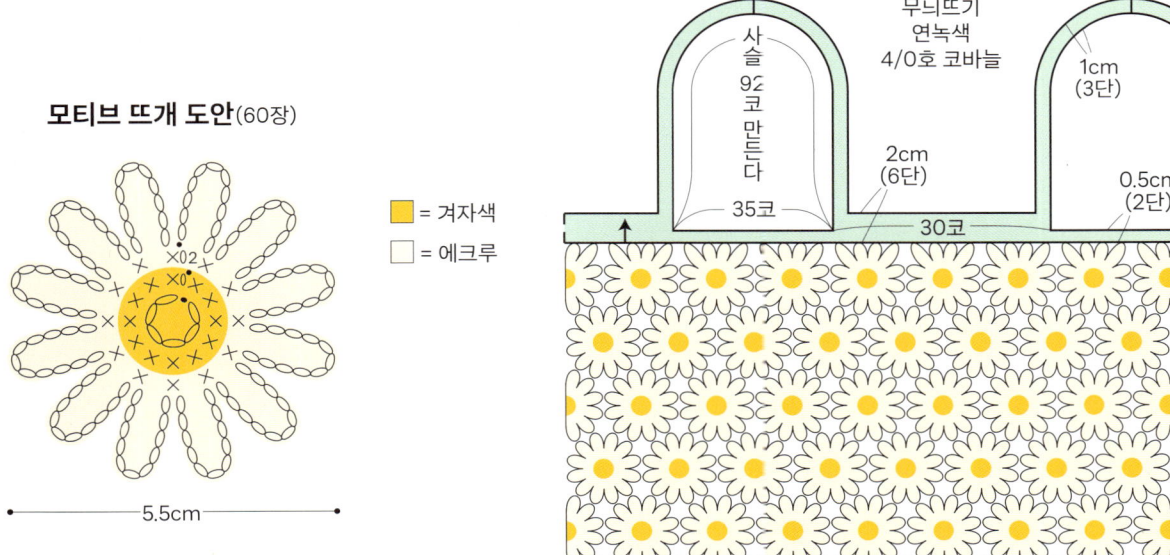

## 모티브 연결 방법과 입구·손잡이 뜨개 도안

※ 모티브는 화살표 끝의 코에 빼뜨기로 연결한다.
△ = 실을 잇는다

사슬 92코 만든다

옆선

# 16P No.11

■ **사용하는 실**
하마나카 워시 코튼 '크로셰'
에크루(102) 30g

■ **도구**
코바늘 3/0호

■ **완성 치수**
지름 약 25cm

■ **뜨는 방법**
1. 사슬뜨기로 원형 시작코를 만들어서 모티브A 1장을 뜹니다.
2. 원형뜨기 시작코를 만들어 모티브B를 뜨는데, 마지막 단을 뜨면서 옆의 모티브에 연결해가며 총 18장을 뜹니다.

### 도일리
모티브 연결
3/0 코바늘

※모티브는 숫자 순서대로 뜨면서 연결한다.

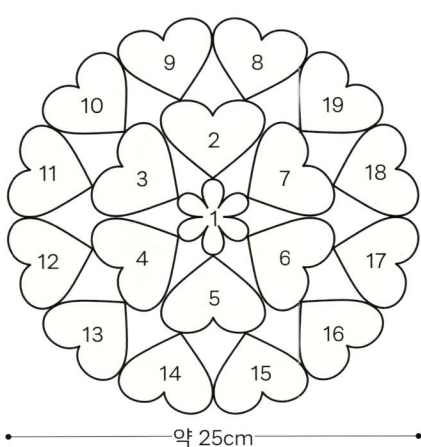

약 25cm

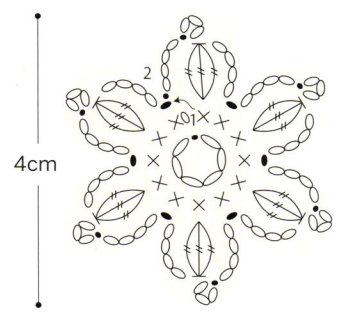

= 모티브A(1장)

= 모티브B(18장)

### 모티브A 뜨개 도안
4cm

### 모티브B 뜨개 도안
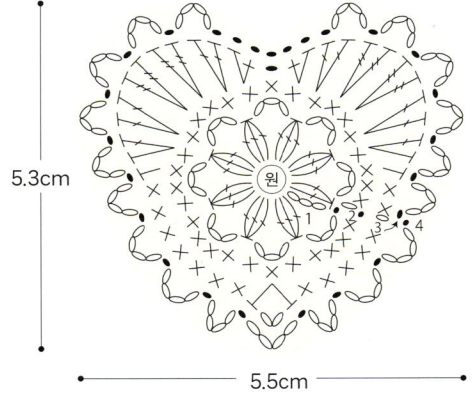
5.3cm
5.5cm

∨ · ∨ = 짧은뜨기와 긴뜨기를 같은 코에 넣어서 뜬다

## 모티브 연결 방법

※모티브는 화살표 끝의 코에 빼뜨기로 연결한다.

### 17P

■ **사용하는 실**
**하마나카 폼 릴리 '과일 염색'**

12 서양배(501) 15g
　 살구(502) 3g

13 서양배(501) 15g
　 블루베리(505) 3g

14 서양배(501) 45g
　 멜론(504) 5g

■ **도구**
코바늘 6/0호

■ **완성 치수**
12·13 가로 9cm, 세로 11cm
14 가로 17cm, 세로 19.5cm

■ **뜨는 방법**

**12·13 미니 스트링 파우치**
1. 원형뜨기 시작코를 만들어서 모티브A·B를 1장씩 뜹니다.
2. 모티브A·B를 겉쪽이 보이게 마주 놓고 겹쳐서 옆선과 바닥을 짧은뜨기로 잇습니다.
3. 테두리뜨기합니다.
4. 사슬뜨기로 끈을 떠서 지정한 위치에 끼웁니다.

**14 스트링 파우치**
1. 원형뜨기 시작코를 만들어서 모티브A·B를 4장씩 뜹니다.
2. 모티브A 4장을 짧은뜨기로 이어 연결해서 앞면을 만듭니다.
3. 같은 요령으로 모티브B 4장을 짧은뜨기로 이어 연결해서 뒷면을 만듭니다.
4. 앞면과 뒷면을 겉쪽이 보이게 마주 놓고 겹쳐서 옆선과 바닥을 짧은뜨기로 잇습니다.
5. 테두리뜨기합니다.
6. 사슬뜨기로 끈을 떠서 지정한 위치에 끼웁니다.

### 12·13·14 끈 뜨개 도안 (2줄)
A색
6/0호 코바늘

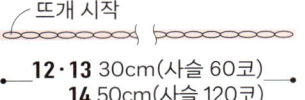

12·13 30cm(사슬 60코)
14 50cm(사슬 120코)

### 12·13·14 모티브A 뜨개 도안
(12·13 1장, 14 4장)
6/0호 코바늘

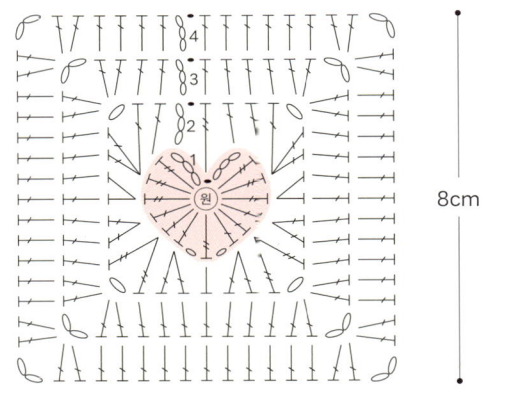

 = A색
□ = B색

### 12·13·14 모티브B 뜨개 도안
(12·13 1장, 14 4장)
6/0호 코바늘

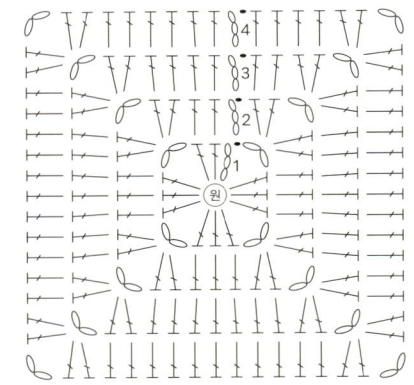

**배색**

|    | A색 | B색 |
|----|-----|-----|
| 12 | 살구 | 서양배 |
| 13 | 블루베리 | 서양배 |
| 14 | 멜론 | 서양배 |

### 12·13 마무리

① 모티브A와 B를 겉쪽이 보이게 마주 놓고 겹쳐서 옆선과 바닥을 짧은뜨기로 잇는다
② 테두리뜨기한다
③ 끈을 끼운다

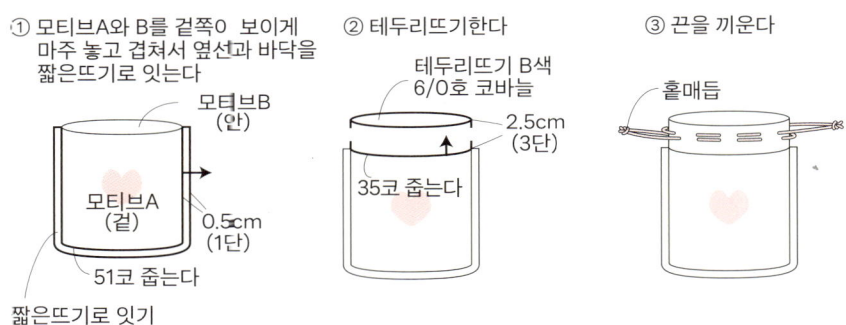

### 12·13 짧은뜨기로 잇기·테두리뜨기 뜨개 도안

△ = 실을 잇는다
▲ = 실을 자른다

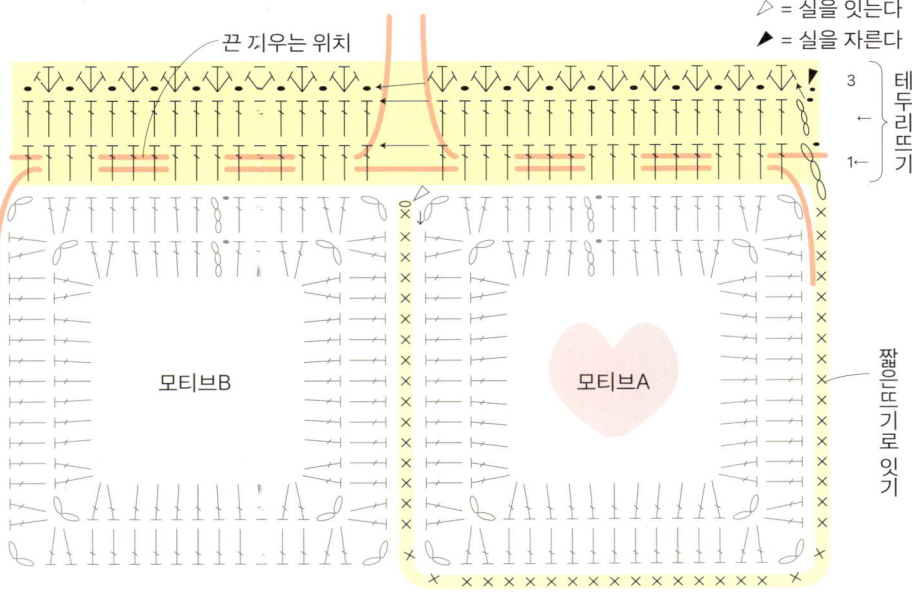

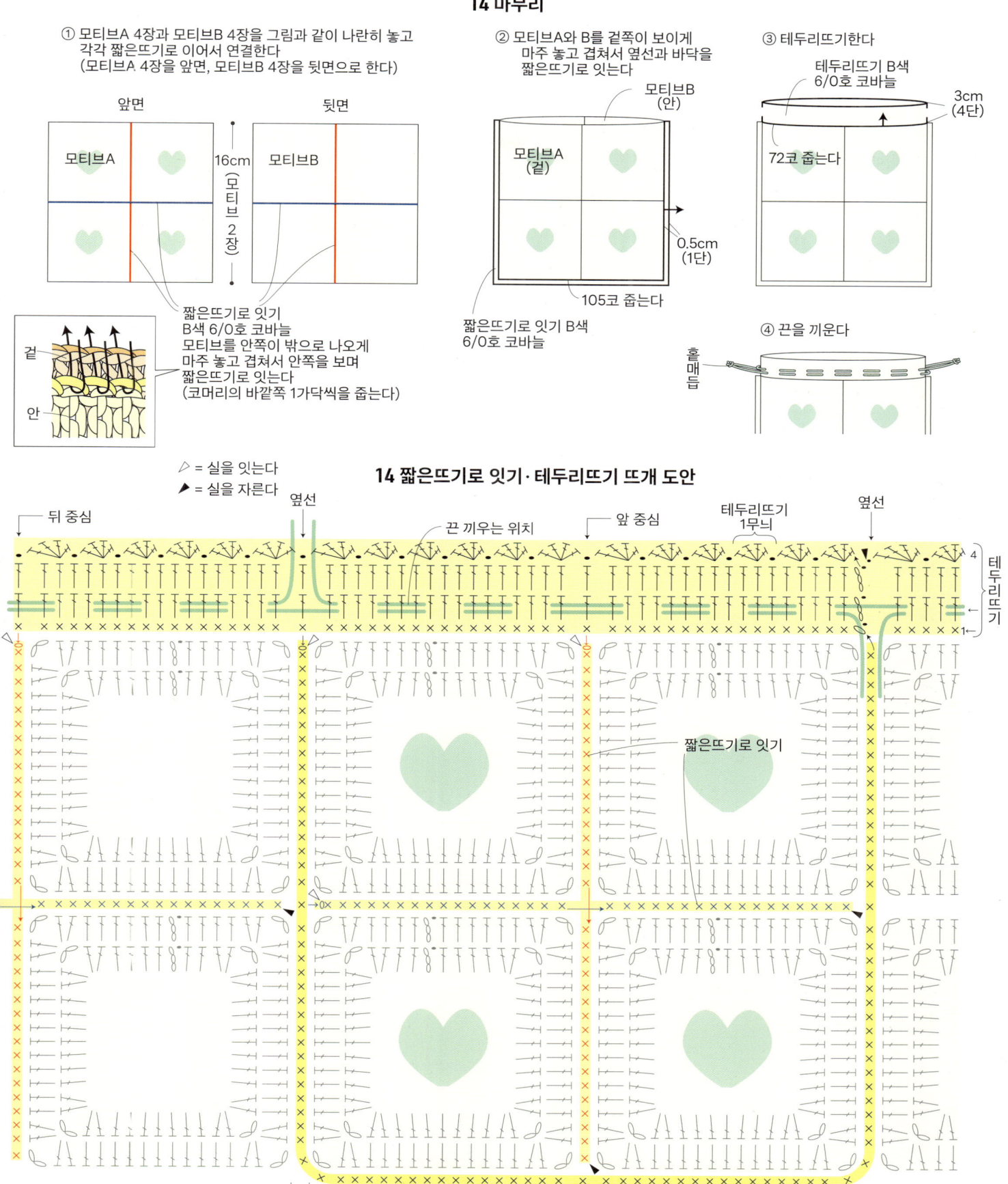

# 18P No 15

## ■ 사용하는 실
**하마나카 워시 코튼 '크로셰'**
체리핑크(146) 90g
흰색(101) 50g
라이트그레이(132) 20g

## ■ 도구
코바늘 4/0호

## ■ 완성 치수
가슴둘레 94㎝, 총길이 41㎝

## ■ 뜨는 방법
1. 원형뜨기 시작코를 만들어서 모티브 1장을 뜹니다.
2. 2번째 장 이후는 마지막 단을 뜨면서 옆의 모티브에 연결해가며 모티브 총 42장을 뜹니다.
3. 밑단을 테두리뜨기A로 뜹니다.
4. 앞여밈단·가슴둘레를 테두리뜨기B로 뜹니다.
5. 사슬뜨기로 원형 시작코를 만들고 어깨끈, 매듭끈을 떠서 지정한 위치에 답니다.

### 모티브 뜨개 도안
(42장)

= 라이트그레이 = 흰색
= 체리핑크

### 어깨끈 뜨개 도안(2장)
체리핑크 4/0호 코바늘

### 매듭끈 뜨개 도안(4줄)
체리핑크 4/0호 코바늘

### 마무리

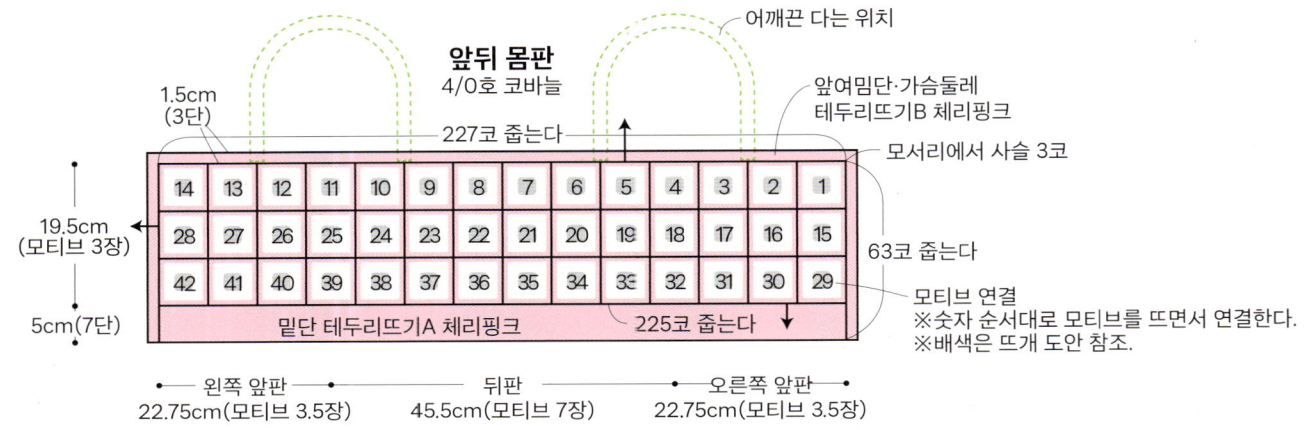

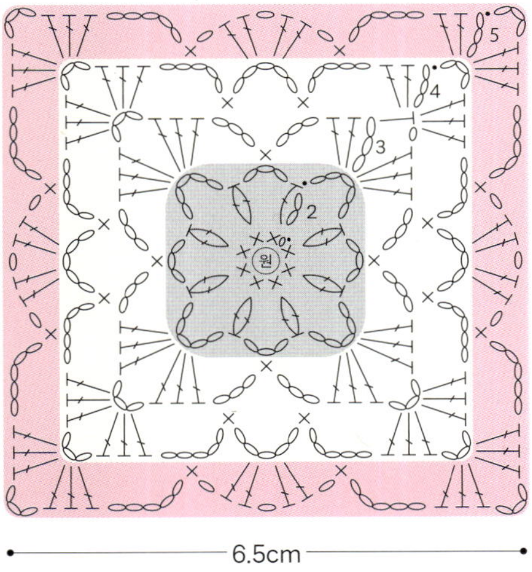

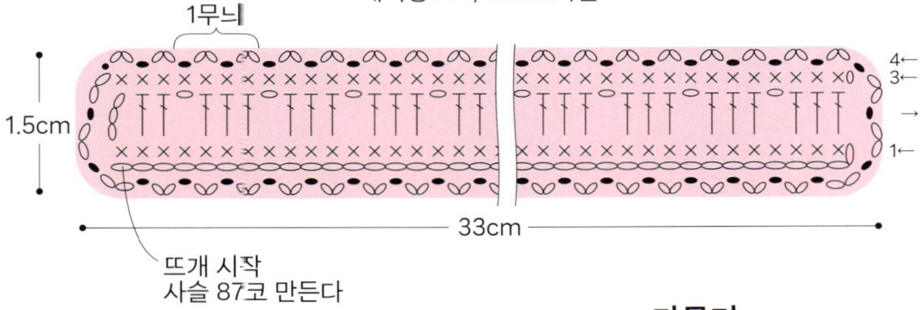

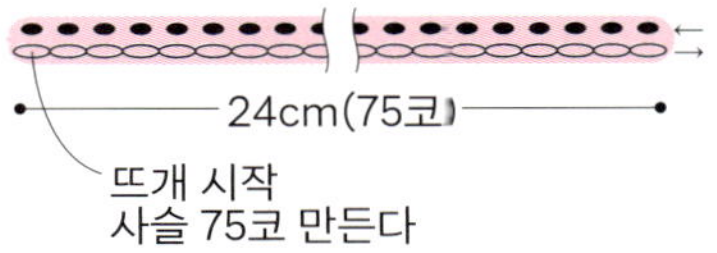

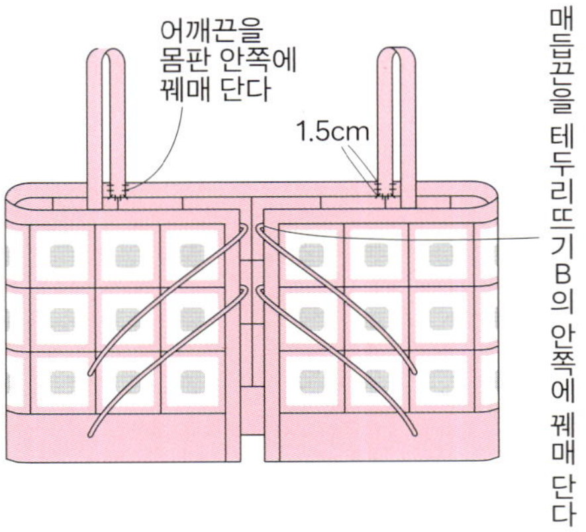

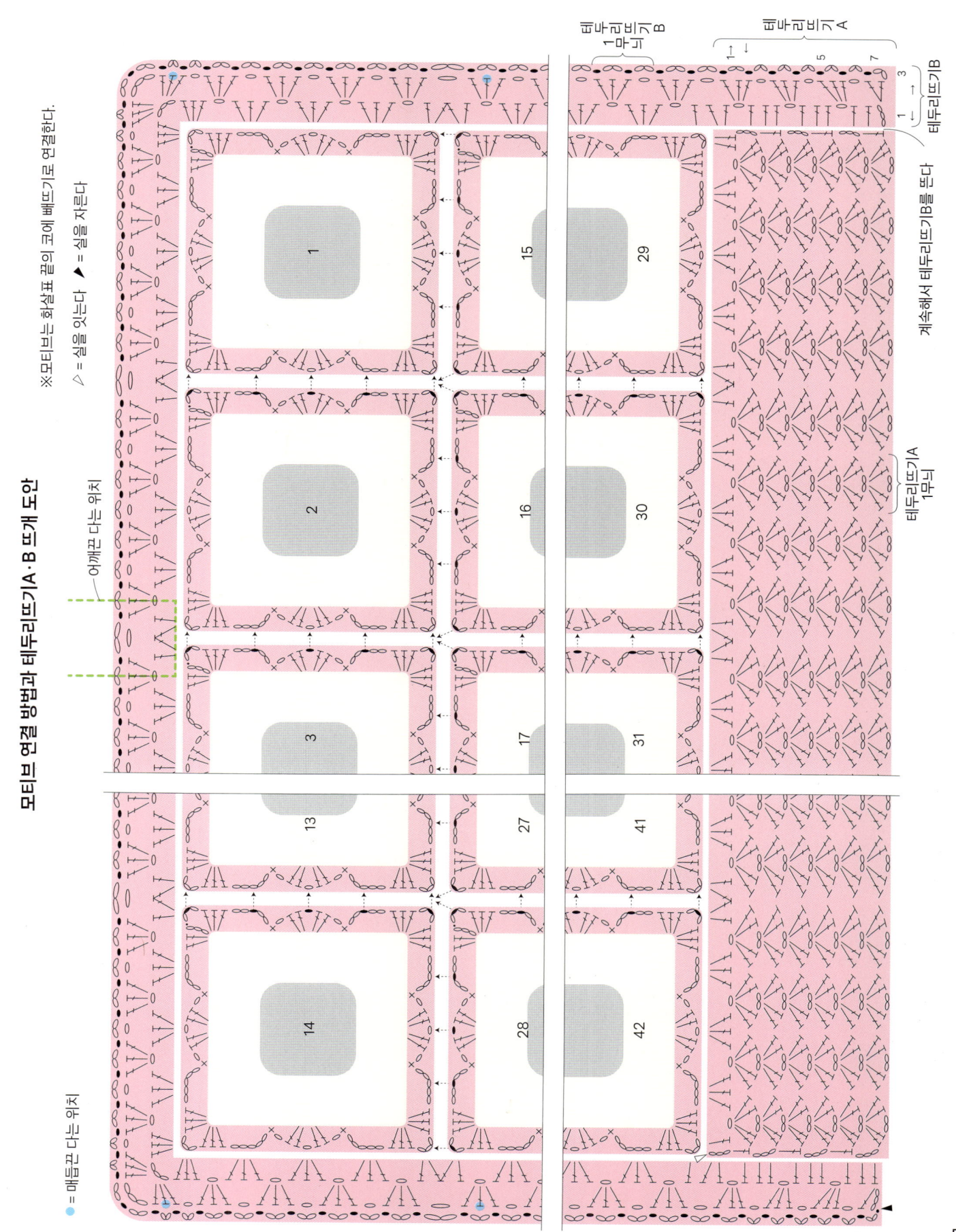

## 20P

■ **사용하는 실**
**하마나카 카폭 코튼**
- **16** 블루(6) 30g
  화이트(1) 10g
- **17** 레드(9) 30g
  화이트(1) 10g

■ **도구**
코바늘 5/0호

■ **완성 치수**
가로 11㎝, 세로 10㎝

■ **뜨는 방법**
1. 원형뜨기 시작코를 만들어서 모티브 4장을 뜹니다.
2. 모티브를 그림과 같이 나란히 놓고 테두리뜨기하며 연결합니다.
3. 스레드 코드로 끈을 떠서 모티브에 답니다.

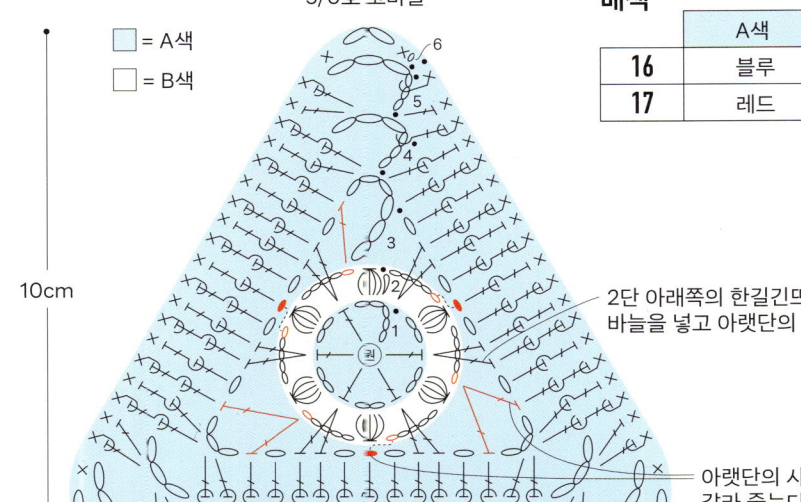

모티브 뜨개 도안
(4장)
5/0호 코바늘

□ = A색
□ = B색

### 배색

| | A색 | B색 |
|---|---|---|
| 16 | 블루 | 화이트 |
| 17 | 레드 | 화이트 |

2단 아래쪽의 한길긴뜨기 코머리에 바늘을 넣고 아랫단의 사슬을 감싸서 뜬다

아랫단의 사슬코(○)를 갈라 줍는다

끈 뜨개 도안
A색
5/0호 코바늘
스레드 코드
38cm(110코)

## 마무리

① 1(바닥)의 둘레에 옆면(2~4)을 연결한다

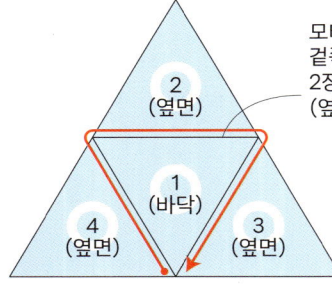

모티브 2장(1과 2, 1과 3, 1과 4)을 겉쪽이 보이게 마주 놓고 겹쳐서 2장을 함께 테두리뜨기한다 (옆면을 앞쪽에서 보며 뜬다)

② 옆면(3과 4)을 연결한다

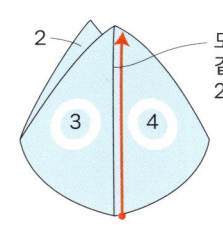

모티브 2장(3과 4)을 겉쪽이 보이게 마주 놓고 겹쳐서 2장을 함께 테두리뜨기한다

※테두리뜨기는 전부 B색 · 5/0호 코바늘.

③ 2의 둘레에 테두리뜨기한다

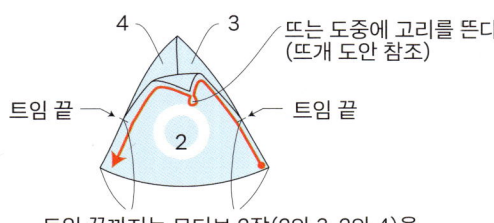

뜨는 도중에 고리를 뜬다 (뜨개 도안 참조)

트임 끝까지는 모티브 2장(2와 3, 2와 4)을 겉쪽이 보이게 마주 놓고 겹쳐서 2장을 함께 테두리뜨기한다

④ 3, 4의 나머지 코에 테두리뜨기한다

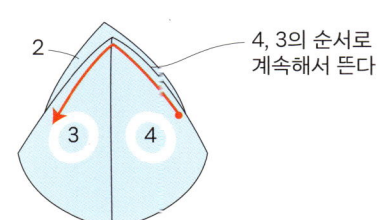

4, 3의 순서로 계속해서 뜬다

⑤ 끈을 단다
끈의 끝부분을 끼우는 위치의 겉쪽에서 넣고 안쪽으로 뺀 후 안쪽에서 홑매듭을 짓는다

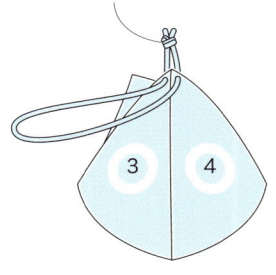

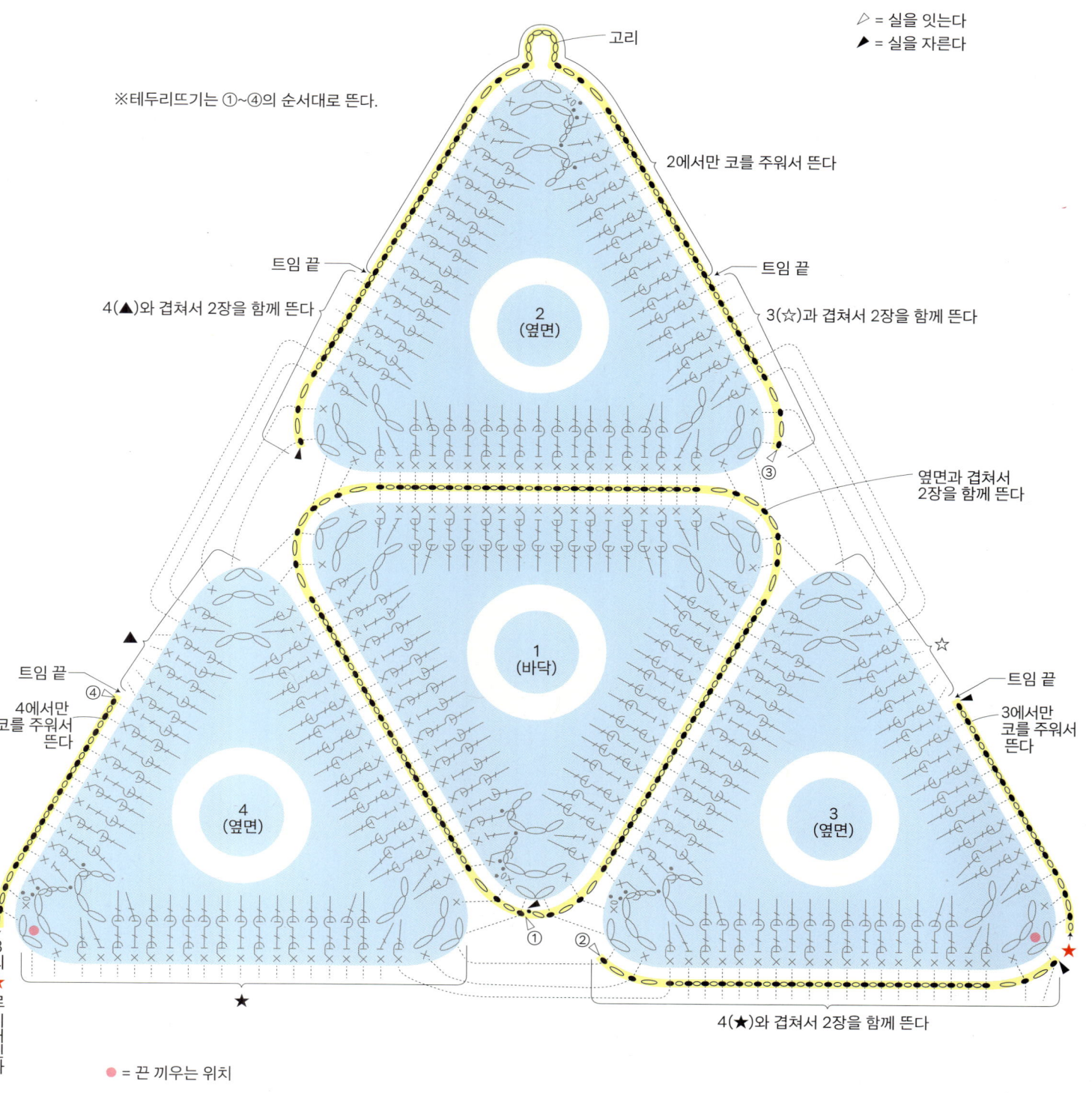

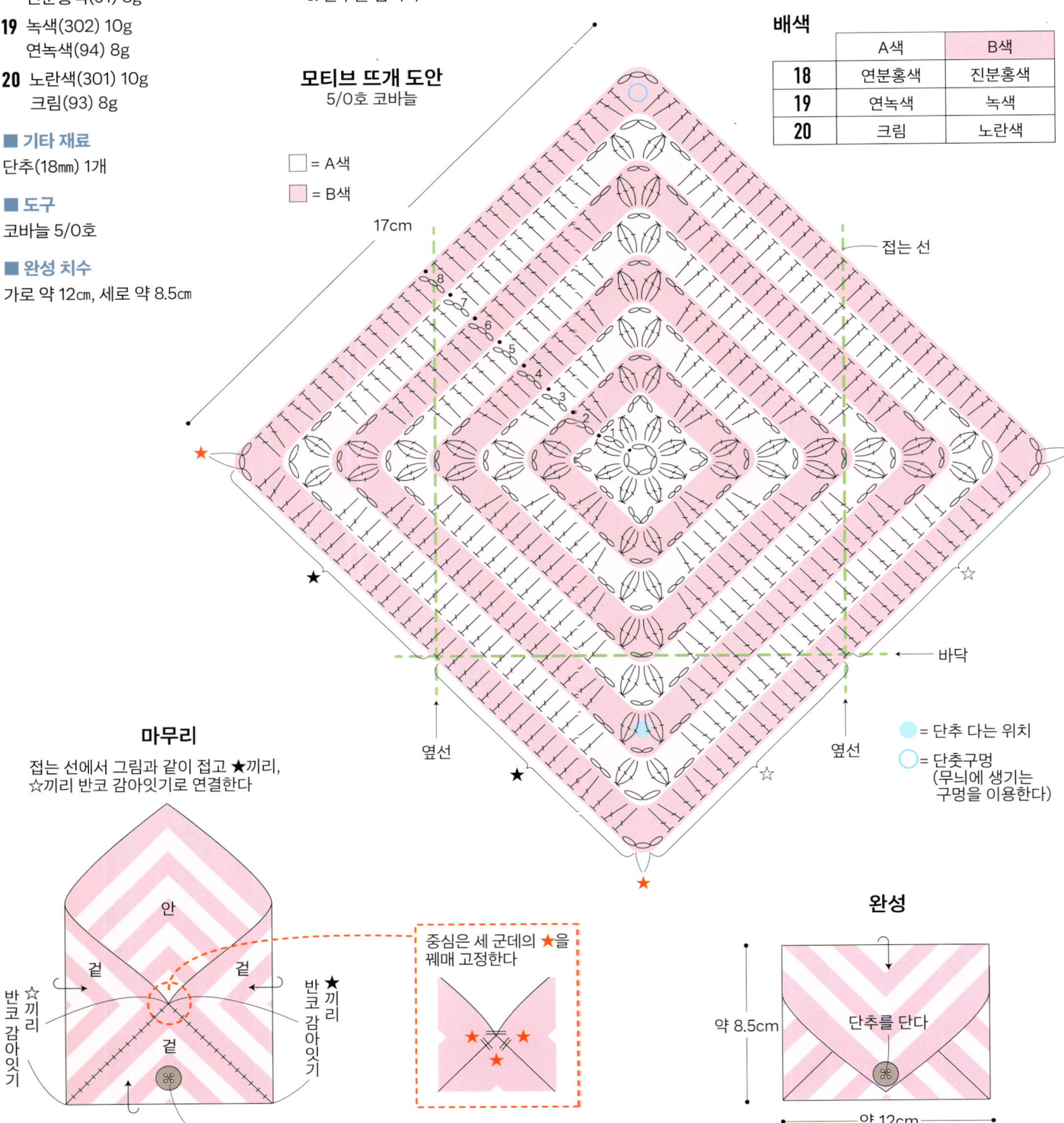

22P №21

■ 사용하는 실
**하마나카 에코안다리아**
베이지(23) 130g
그린(17) 20g
라이트옐로(19) 20g
카키(59) 20g
레트로그린(68) 20g
레트로핑크(71) 20g

■ 도구
코바늘 6/0호, 4/0호

■ 완성 치수
가로 32㎝, 세로 약 29.5㎝

■ 뜨는 방법
1. 원형뜨기 시작코를 만들어서 모티브A 1장을 뜹니다.
2. 2번째 장 이후는 마지막 단을 뜨면서 옆의 모티브에 연결해가며 모티브A·B 총 32장을 뜹니다.
3. 모티브B에서 코를 주워 입구 쪽에 테두리뜨기합니다.
4. 모티브A에서 코를 주워 바닥 쪽에 짧은뜨기합니다.
5. 원형뜨기 시작코를 만들어서 짧은뜨기로 바닥을 뜨고 바닥 쪽의 짧은뜨기와 짧은뜨기로 잇습니다.
6. 사슬뜨기로 시작코를 만들어서 손잡이를 뜨고 지정한 위치에 답니다.

### 모티브의 배색과 장수
A=모티브A(오각형) B=모티브B(육각형)

| | A B | A B | A B | A B |
|---|---|---|---|---|
| 1단 | 카키 | 카키 | 카키 | 카키 |
| 2단 | 라임옐로 | 레트로핑크 | 레트로그린 | 그린 |
| 3단 | 베이지 | 베이지 | 베이지 | 베이지 |
| 장수 | A 2장, B 6장 | A 2장, B 6장 | A 2장, B 6장 | A 2장, B 6장 |

### 모티브A 뜨개 도안
1단 : 4/0호 코바늘
2·3단 : 6/0호 코바늘

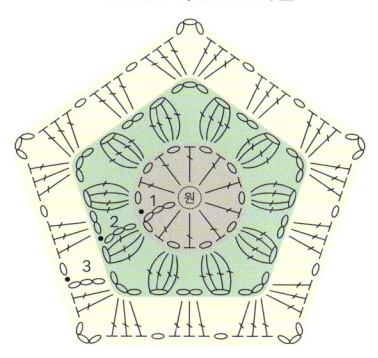

### 모티브B 뜨개 도안
1단 : 4/0호 코바늘
2·3단 : 6/0호 코바늘

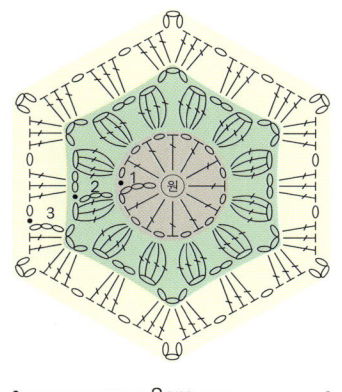

### 손잡이 뜨개 도안(2줄)
베이지
6/0호 코바늘

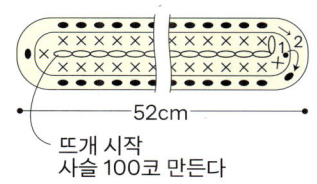

뜨개 시작
사슬 100코 만든다

※다음 페이지로 이어집니다.

## 바닥
짧은뜨기
베이지
6/0호 코바늘

96코
8cm
(15단)

※코늘리기는 뜨개 도안 참조.

## 바닥 뜨개 도안

∨ = ⋋⋌ 짧은뜨기 2코늘려뜨기

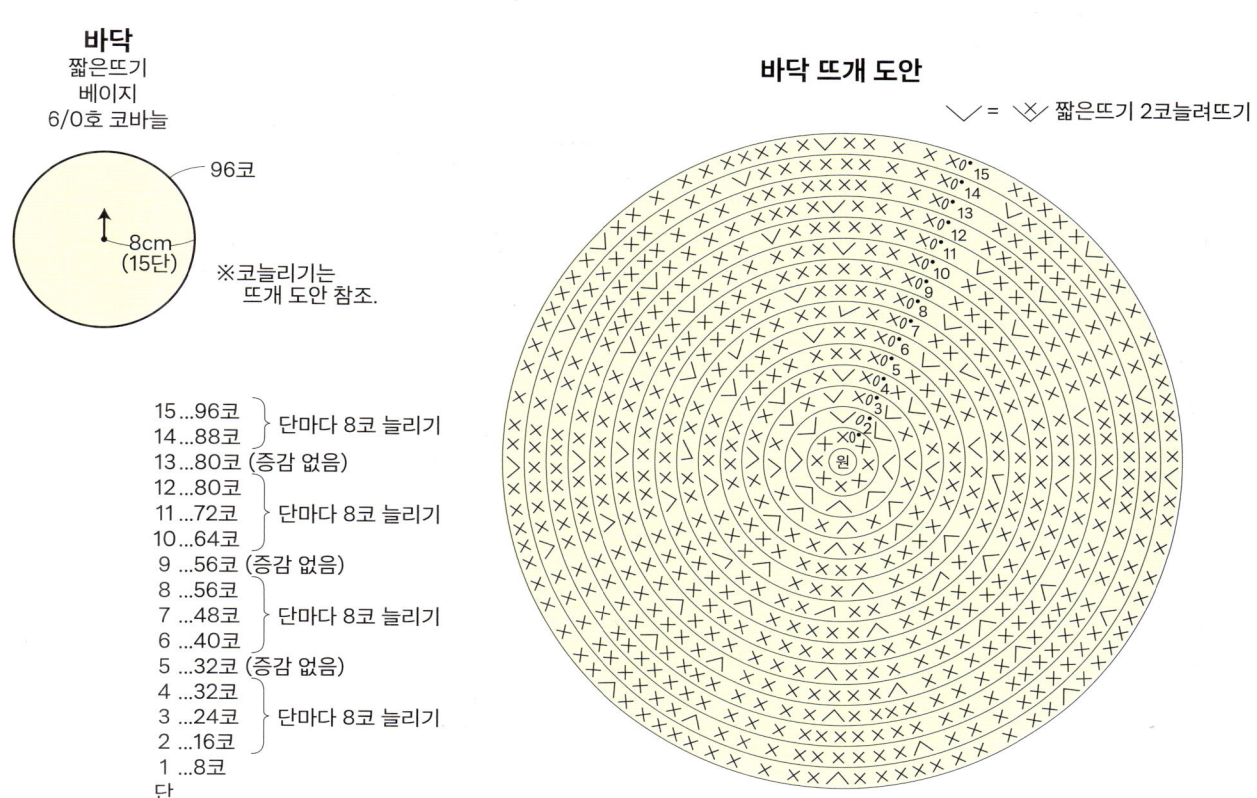

15...96코 ┐
14...88코 ┘ 단마다 8코 늘리기
13...80코 (증감 없음)
12...80코 ┐
11...72코 ┤ 단마다 8코 늘리기
10...64코 ┘
9 ...56코 (증감 없음)
8 ...56코 ┐
7 ...48코 ┤ 단마다 8코 늘리기
6 ...40코 ┘
5 ...32코 (증감 없음)
4 ...32코 ┐
3 ...24코 ┤ 단마다 8코 늘리기
2 ...16코 ┘
1 ...8코
단

## 마무리

① 옆면과 바닥을 연결한다

② 손잡이를 단다

옆면의 바닥 쪽 짧은뜨기와 바닥의 마지막 단을 안쪽이 밖으로 나오게 마주 놓고 겹쳐서 짧은뜨기로 잇는다 (베이지·6/0호 코바늘)

바닥

손잡이를 다는 위치의 겉쪽에서 안쪽으로 끼우고 안쪽에서 꿰매 고정한다

3cm
안
손잡이 다는 위치

### ■ 사용하는 실
**하마나카 워시 코튼**
- **22** 그레이시핑크(17) 50g
- **23** 크림옐로(45) 50g

### ■ 기타 재료
하마나카 뜨면서 연결하는 프레임
(11cm · H207-023-4) 1개

### ■ 도구
코바늘 4/0호

### ■ 완성 치수
가로 16cm, 세로 10.5cm

### ■ 뜨는 방법
1. 원형뜨기 시작코를 만들어서 모티브 1장을 뜹니다.
2. 2번째 장 이후는 마지막 단을 뜨면서 옆의 모티브에 연결해가며 모티브 총 17장을 뜹니다.
3. 지정한 위치에서 프레임을 감싸서 뜨며 테두리뜨기합니다.
4. 스레드 코드로 끈을 뜨고 프레임에 답니다.

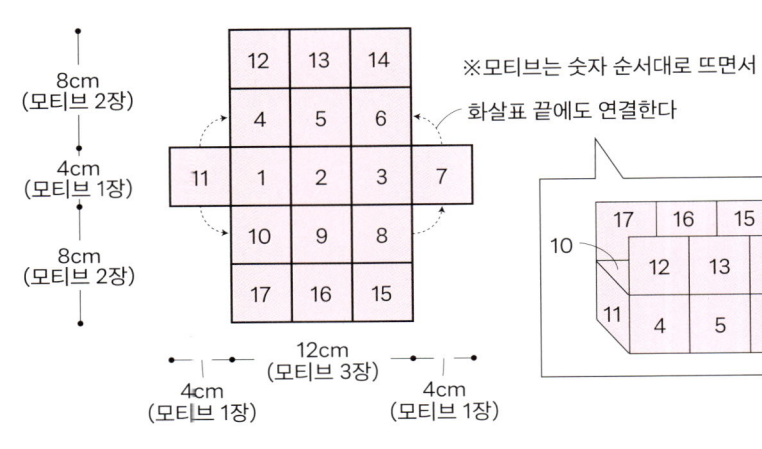

**본체** 모티브 연결 4/0호 코바늘

※모티브는 숫자 순서대로 뜨면서 연결한다.
화살표 끝에도 연결한다

**본체 뜨개 도안**

※모티브는 화살표 끝의 코에 빼뜨기로 연결한다.

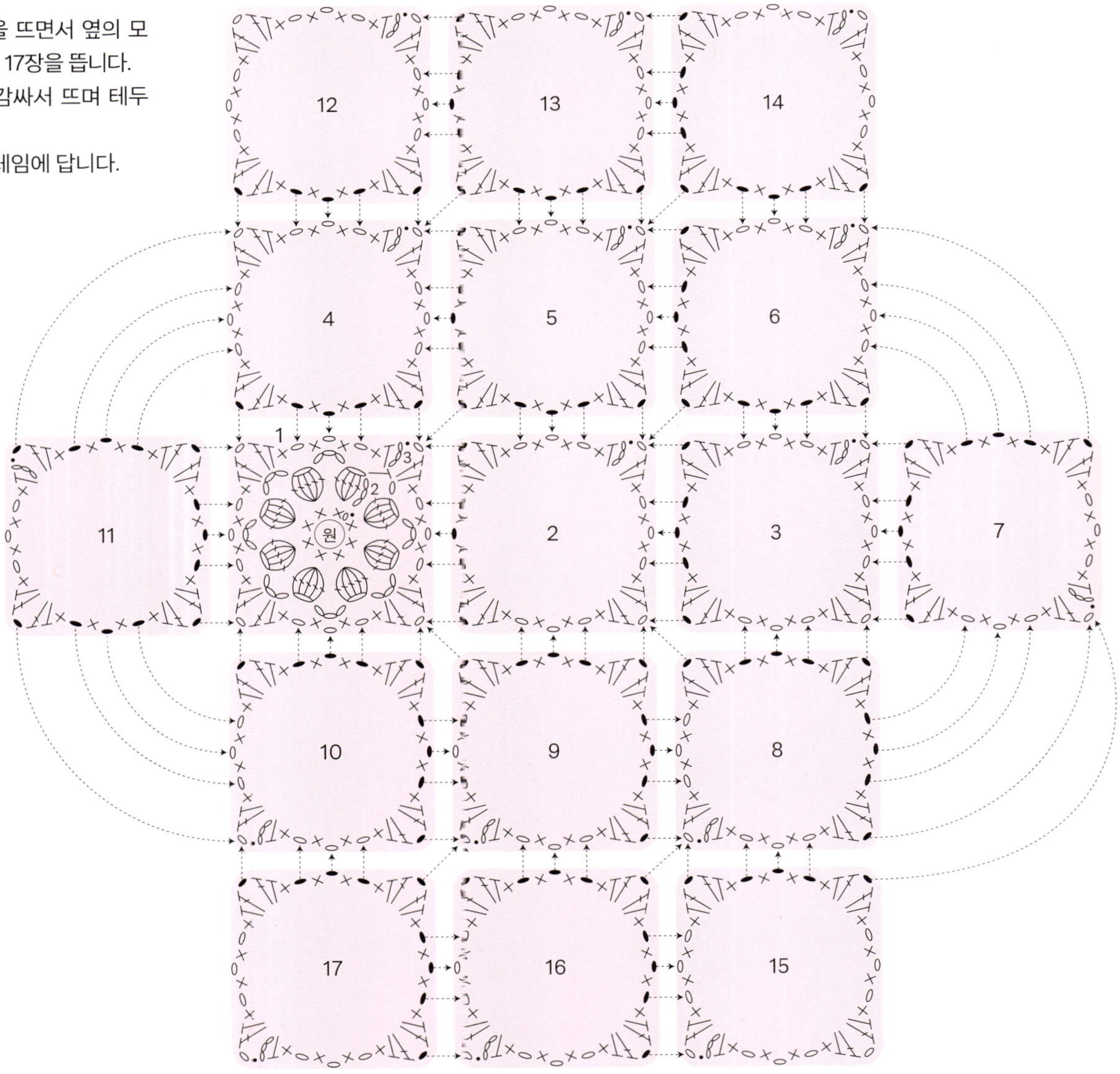

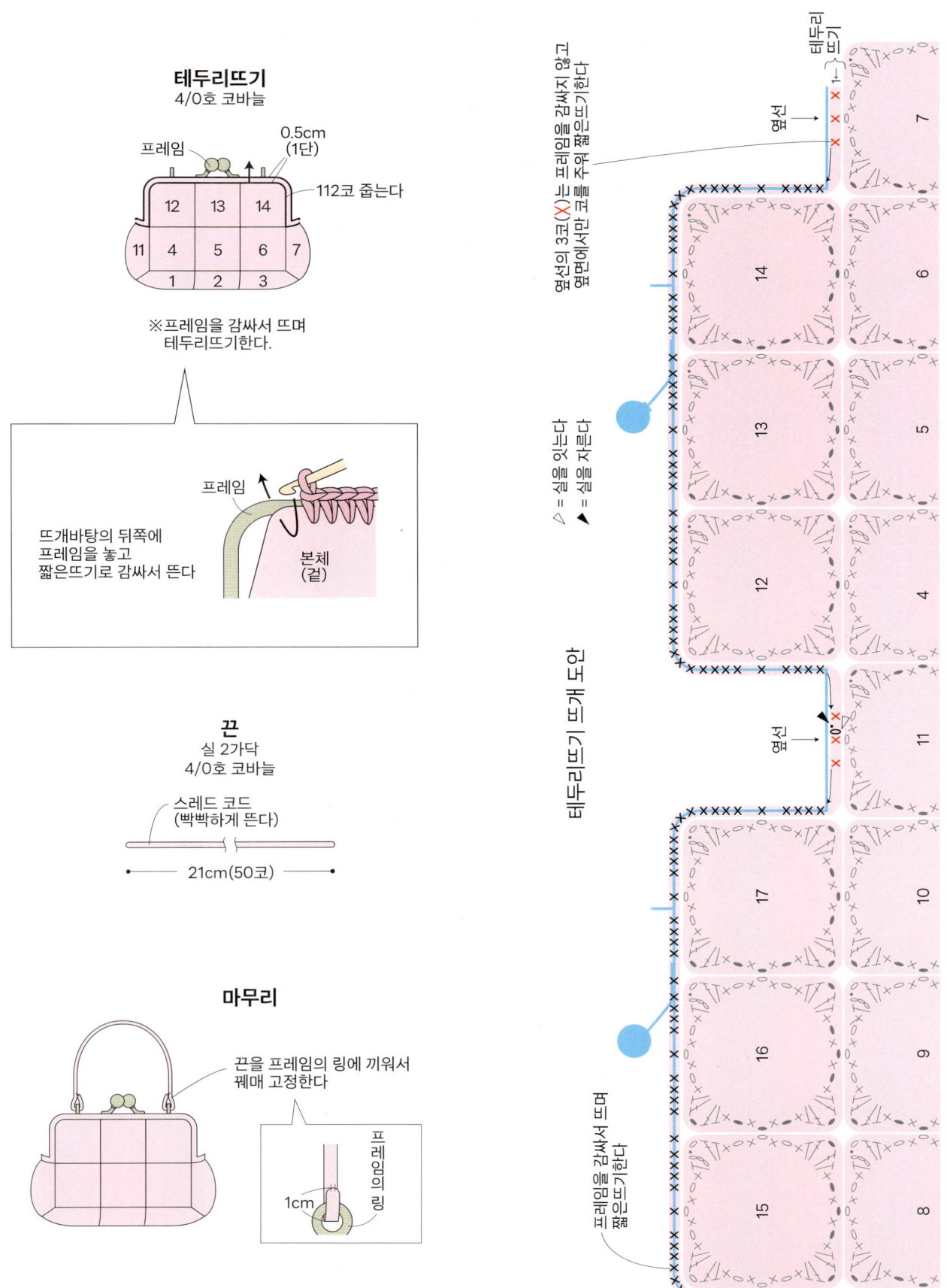

# 25P

### ■ 사용하는 실
하마나카 에코안다리아
실버(174) 170g

### ■ 기타 재료
하마나카 뜨면서 연결하는 손잡이
(25cm·H207-024-4) 1세트

### ■ 도구
코바늘 5/0호

### ■ 완성 치수
가로 22cm, 세로 17.5cm

### ■ 뜨는 방법
1. 원형뜨기 시작코를 만들어서 모티브 1장을 뜹니다.
2. 2번째 장 이후는 마지막 단을 뜨면서 옆의 모티브에 연결해가며 모티브 총 24장을 뜹니다.
3. 손잡이의 곡선 부분을 감싸서 뜨며 짧은뜨기합니다.
4. 입구에 짧은뜨기합니다. 뜨는 도중에 손잡이의 직선 부분을 감싸서 뜹니다.

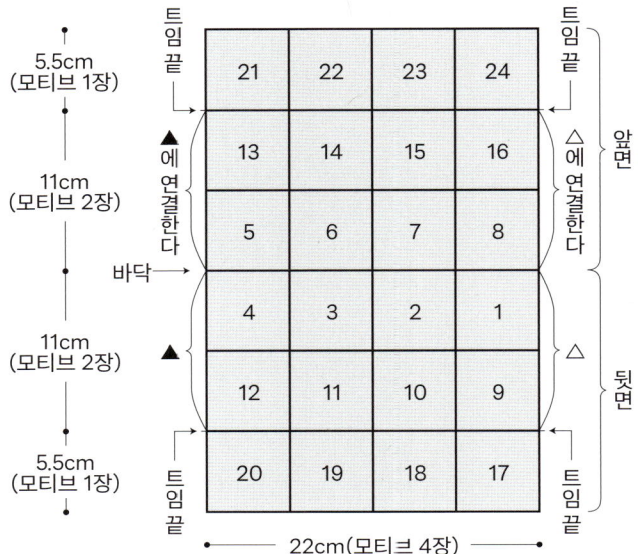

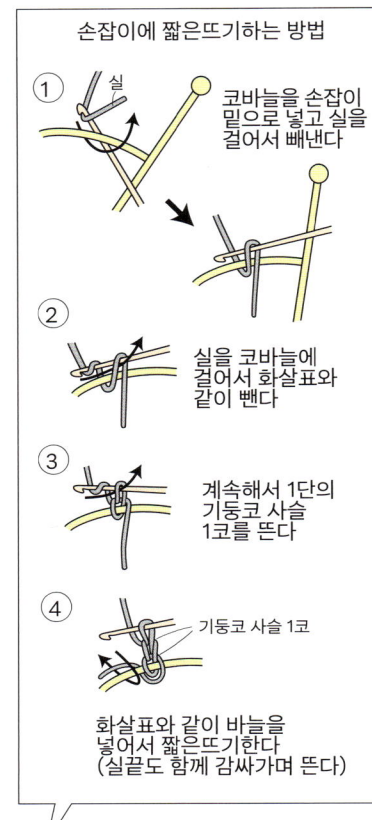

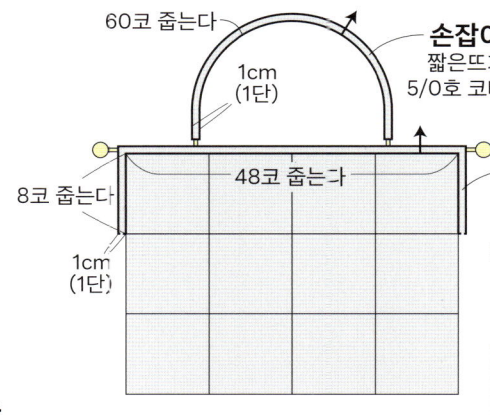

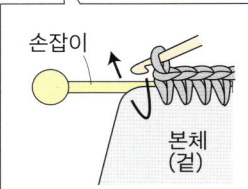

### 모티브 1~3단 뜨개 도안

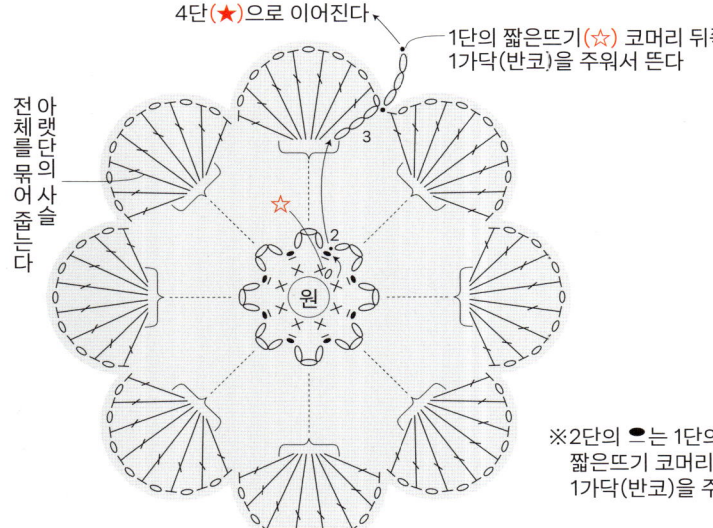

### 모티브 4~5단 뜨개 도안

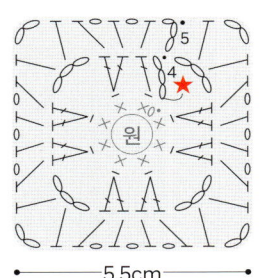

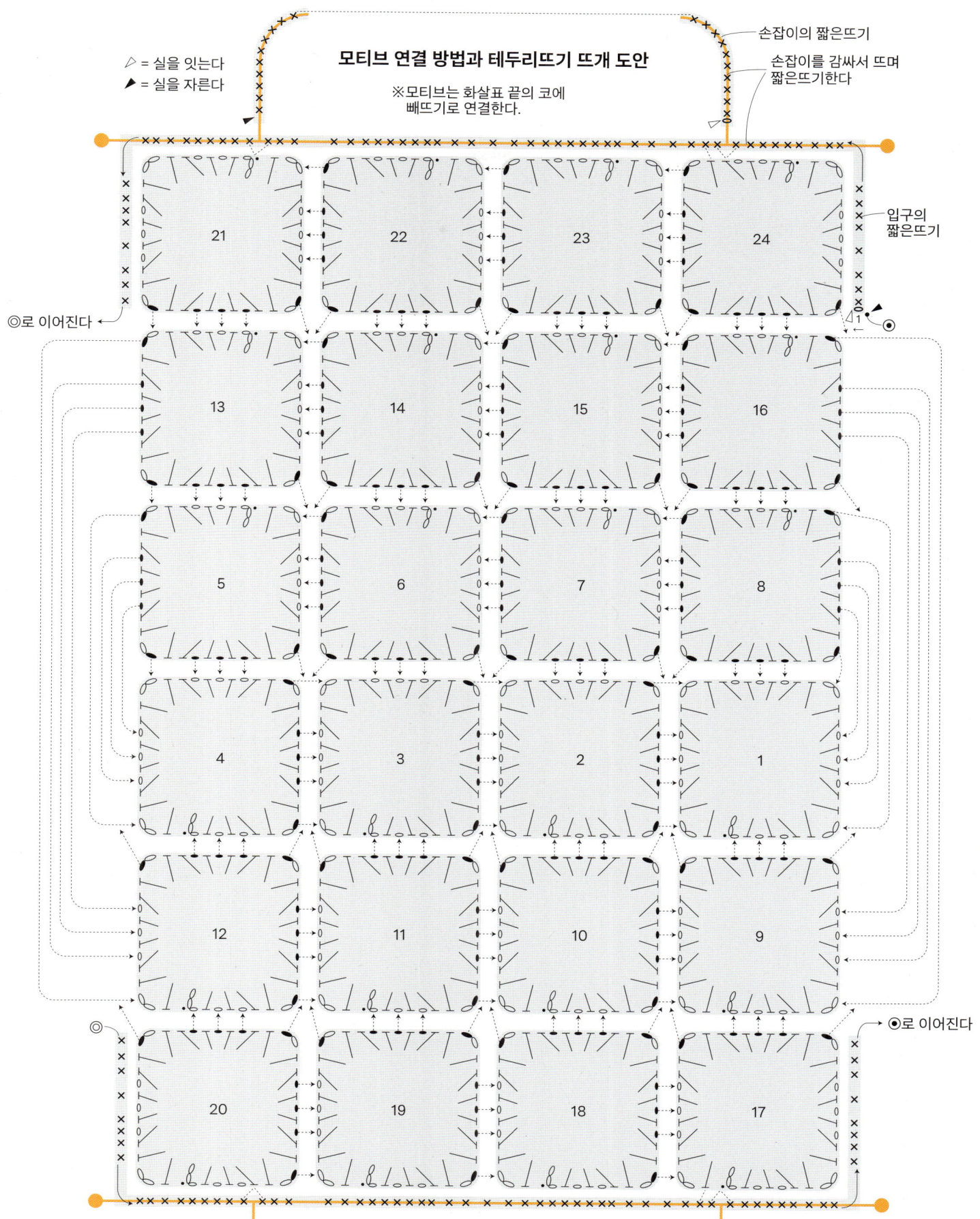

# 26P №25  27P №26

### ■ 사용하는 실
**하마나카 워시 코튼 '크로셰'**

25 그레이지(118) 85g
  에크루(102) 60g
  진남색(127) 55g
  라이트그레이(132) 20g
26 남색(124) 285g

### ■ 도구
코바늘 3/0호

### ■ 완성 치수
25 가슴둘레 112㎝, 총길이 40㎝,
  화장(뒷목 중심에서 소매 끝까지의 길이) 28㎝
26 가슴둘레 112㎝, 총길이 48㎝, 화장 36㎝

### ■ 뜨는 방법
1. 원형뜨기 시작코를 만들어서 모티브 1장을 뜹니다.
2. 2번째 장 이후는 마지막 단을 뜨면서 옆의 모티브에 연결해가며 모티브A를 지정한 장수만큼 뜹니다.
3. 원형뜨기 시작코를 만들어서 모티브A의 틈을 메우듯이 연결해가며 모티브B를 뜹니다.
4. 26만 소매 옆선에 모티브B'를 뜹니다.

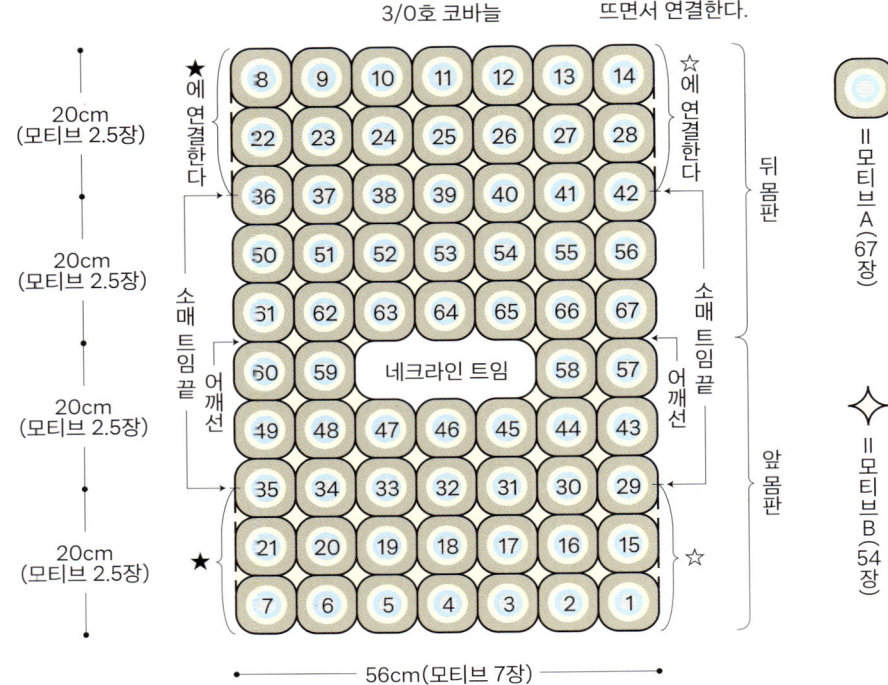

**25 앞뒤 몸판**
모티브 연결
3/0호 코바늘
※모티브A는 숫자 순서대로 뜨면서 연결한다.

### 25·26 모티브A·B 뜨개 도안과 연결 방법

**25의 배색**  ☐ = 라이트그레이  ☐ = 진남색  ☐ = 에크루  ☐ = 그레이지
※26은 전부 남색으로 뜬다.

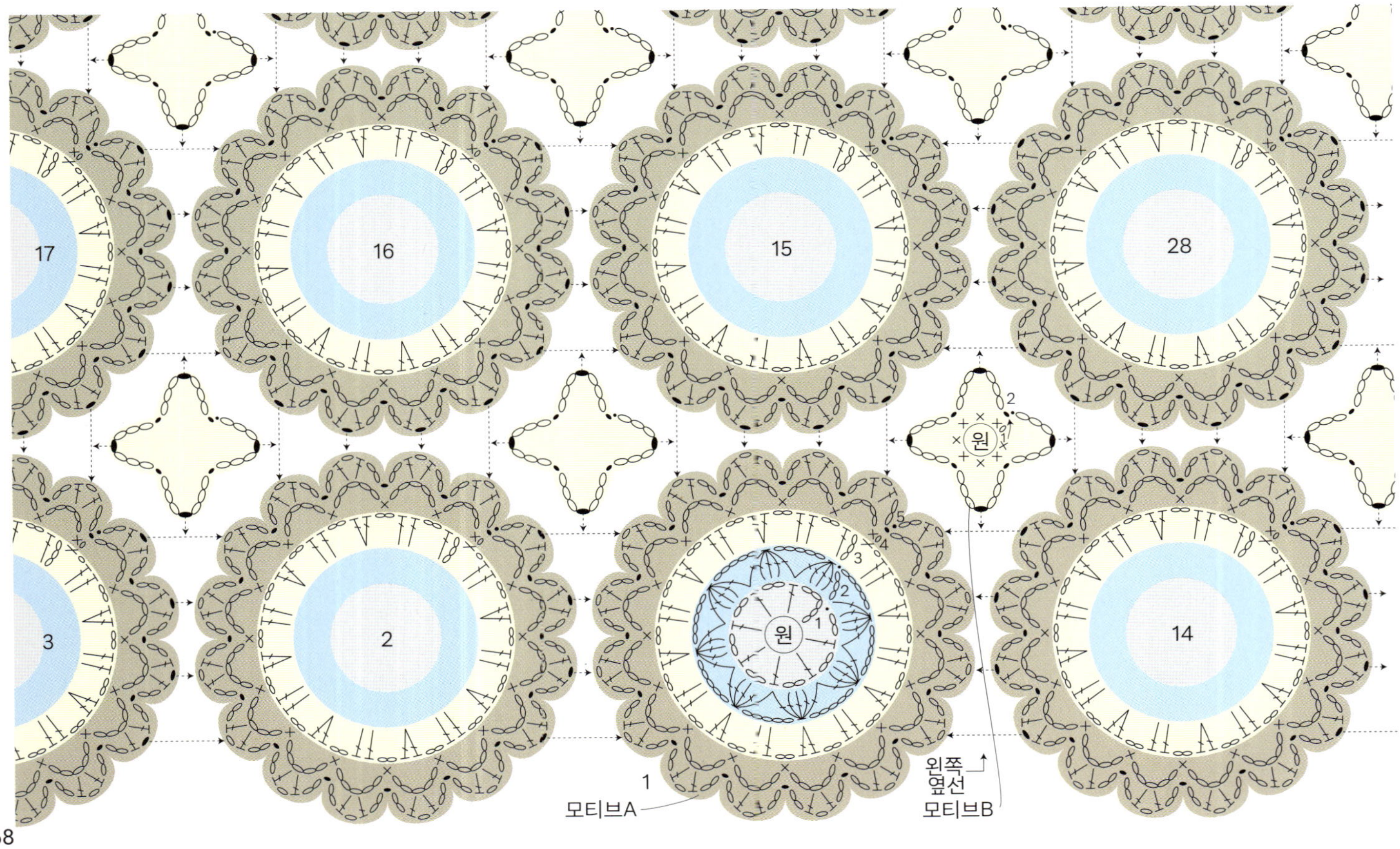

## 26 앞뒤 몸판·소매

모티브 연결
3/0호 코바늘

※모티브A는 숫자 순서대로 뜨면서 연결한다.

□ = 모티브A(91장)

◇ = 모티브B(78장)

## 26 소매 옆선

모티브B'(2장)
3/0호 코바늘

## 26 소매 옆선 뜨개 도안

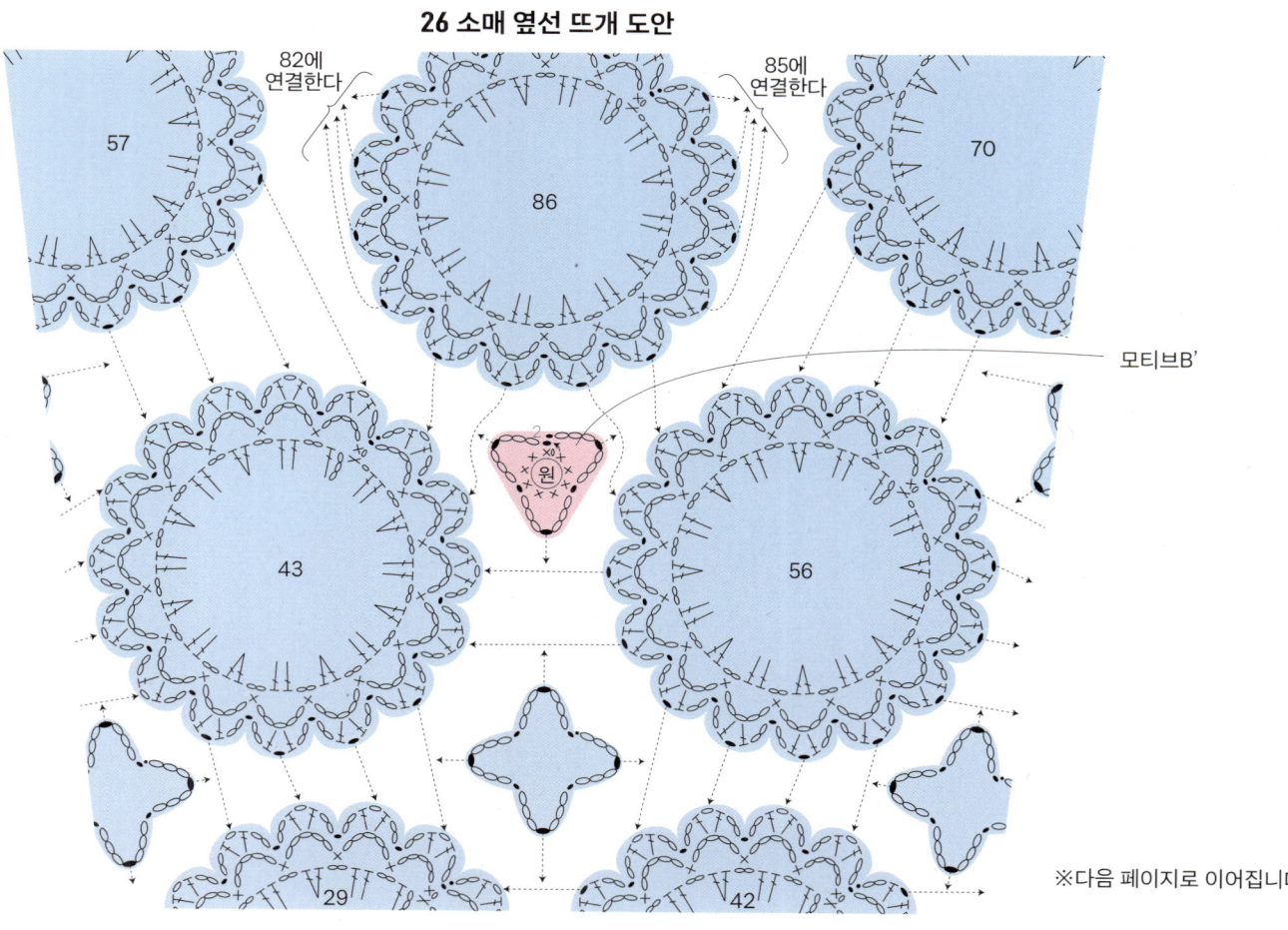

※다음 페이지로 이어집니다.

## 25 소매 트임 뜨개 도안

## 25·26 네크라인 트임 뜨개 도안   ※( ) 안은 26.

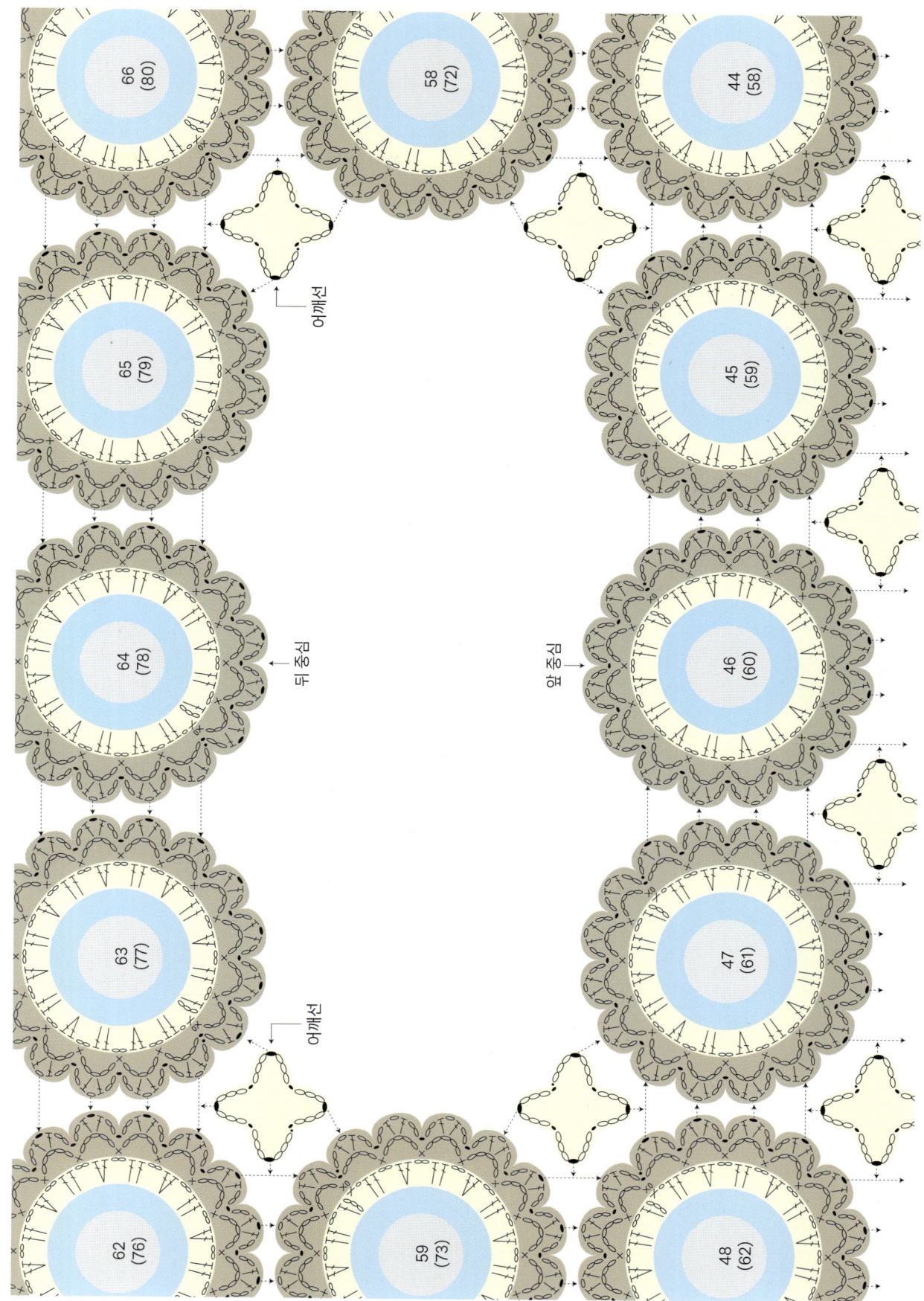

# 28P No.27

■ **사용하는 실**
**하마나카 카폭 코튼**
라임옐로(8) 85g
화이트(1) 80g

■ **도구**
코바늘 5/0호

■ **완성 치수**
가로 23㎝, 세로 23㎝

■ **뜨는 방법**
1. 원형뜨기 시작코를 만들어서 모티브A·B를 8장씩 뜹니다.
2. 모티브를 그림과 같이 나란히 놓고 감아잇기합니다.
3. 입구·손잡이의 테두리를 빼뜨기합니다.
4. 옆선의 모티브를 그림과 같이 안쪽으로 접어 넣습니다.

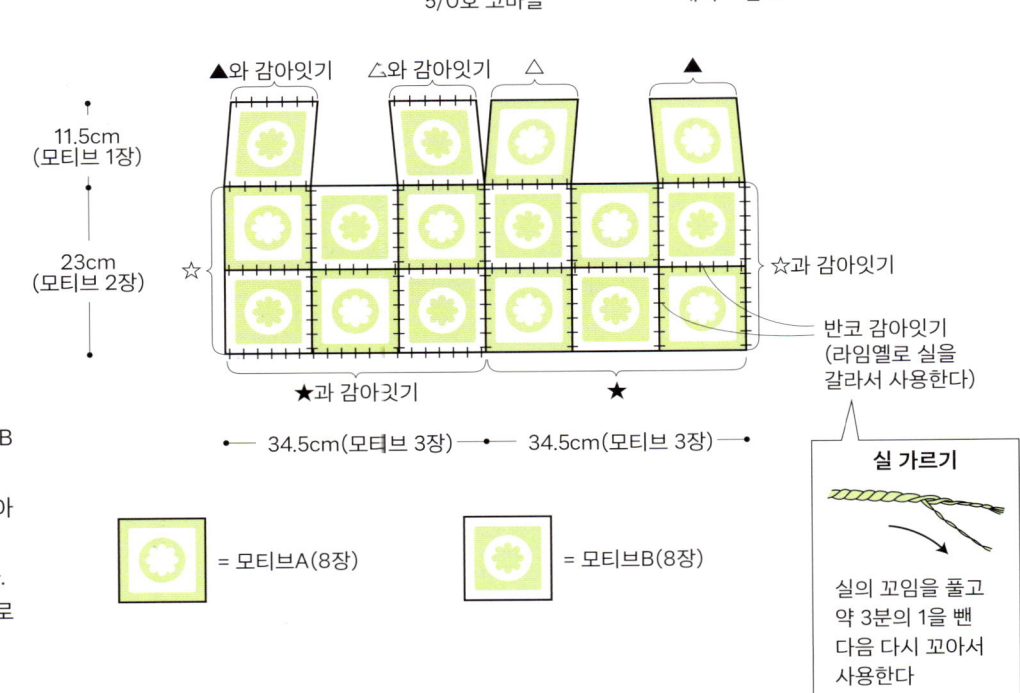

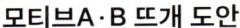

### 모티브A·B 뜨개 도안

### 마무리

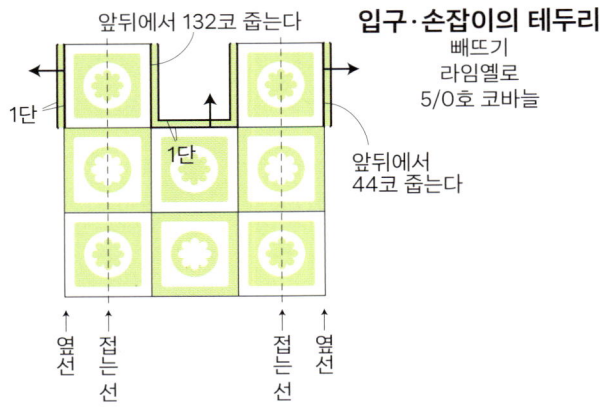

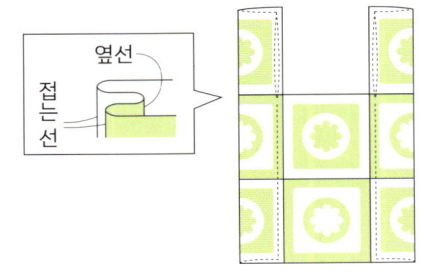

### 모티브의 배색

|  | 모티브A | 모티브B |
|---|---|---|
| 1·2단 | 화이트 | 라임옐로 |
| 3단 | 라임옐로 | 화이트 |
| 4·5단 | 화이트 | 라임옐로 |
| 6·7단 | 라임옐로 | 화이트 |

## 모티브 연결 방법과 입구·손잡이 테두리 뜨개 도안

△ = 실을 잇는다
▲ = 실을 자른다

= 반코 감아잇기
(라임옐로 실로 가르기)

입구·손잡이의 테두리

중심

♥로 이어진다

옆선

## 29P No 28

### ■ 사용하는 실
하마나카 에코안다리아
베이지(23) 165g
카키(59) 75g

### ■ 도구
코바늘 6/0호

### ■ 완성 치수
가로 34cm, 세로 26cm

### ■ 뜨는 방법
1. 원형뜨기 시작코를 만들어서 모티브 24장을 뜹니다.
2. 모티브를 12장씩 그림과 같이 나란히 놓고 감아잇기로 연결해서 각각 테두리뜨기합니다.
3. 짧은뜨기로 손잡이를 뜨고 뜨개 끝부분끼리 감아잇기해서 그림과 같이 마무리합니다.
4. 옆선, 바닥을 빼뜨기로 잇습니다.

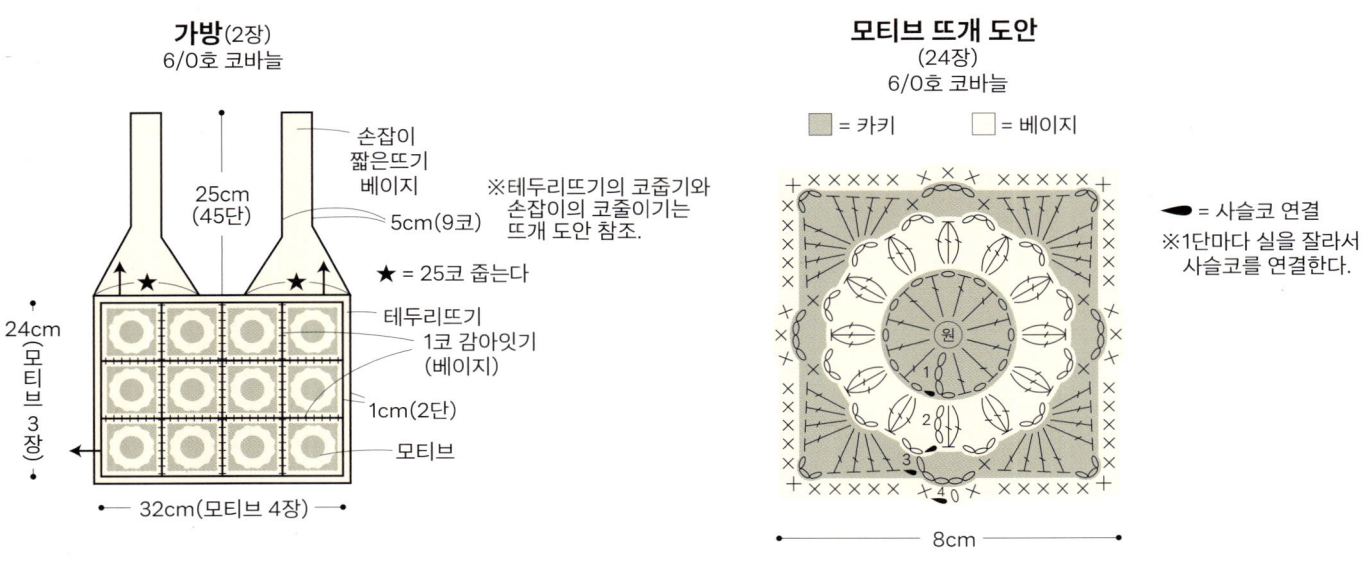

### 마무리

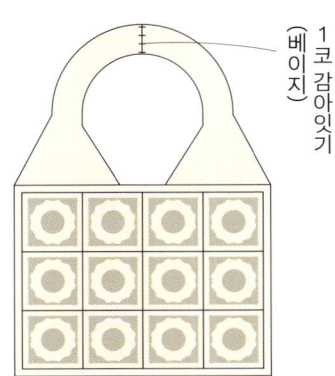

① 손잡이의 뜨개 끝부분끼리 감아잇기한다

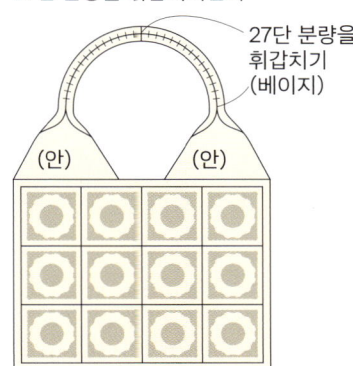

② 손잡이의 양옆을 안쪽으로 접어서 27단 분량을 휘갑치기한다

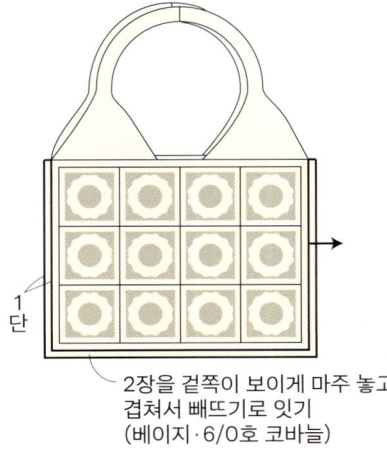

③ 옆선, 바닥을 빼뜨기로 잇는다

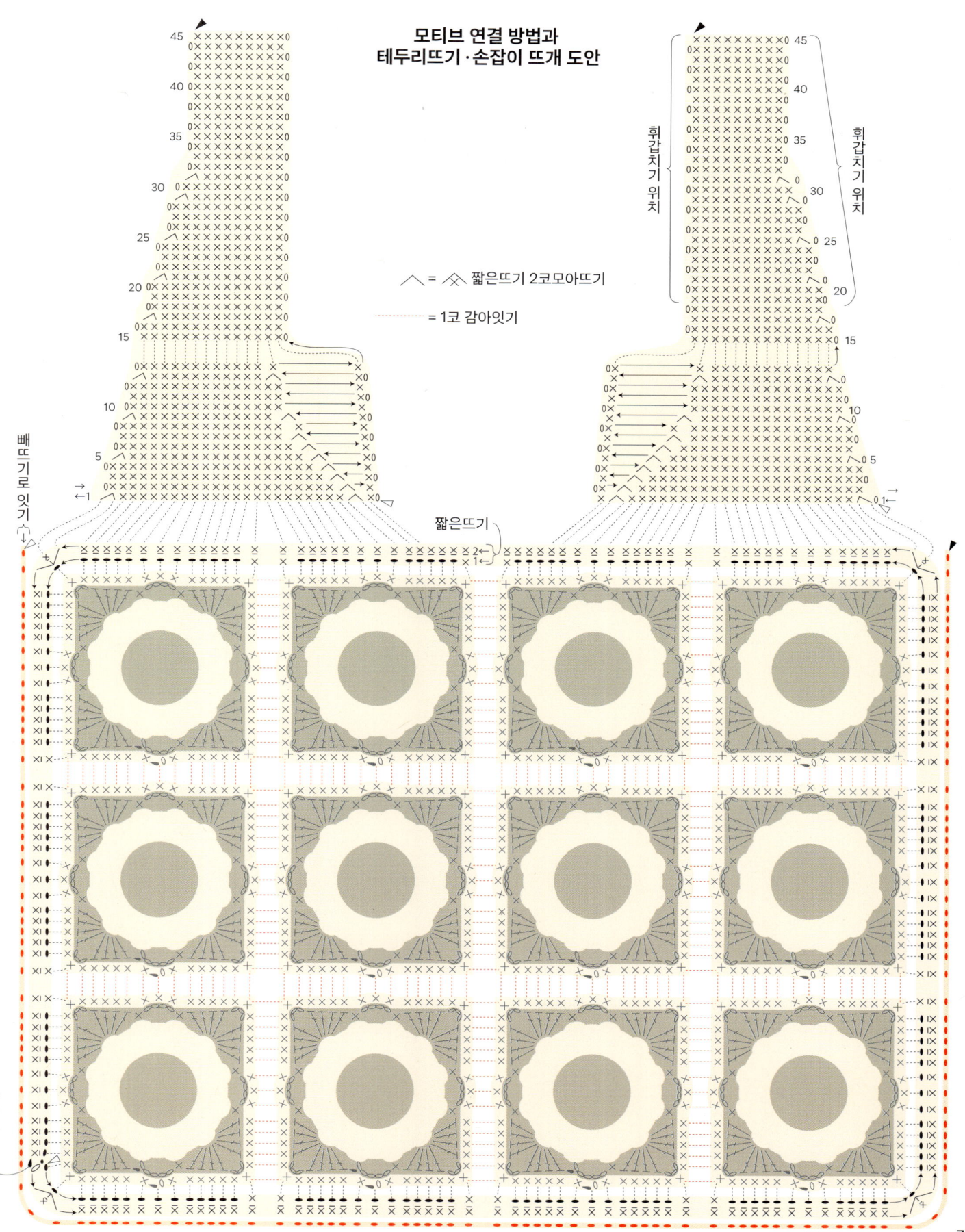

## 30P No.29

■ **사용하는 실**
하마나카 카폭 코튼
카키베이지(3) 60g
화이트(1) 10g
그린(7) 10g

■ **도구**
코바늘 6/0호

■ **게이지(10cm×10cm)**
한길긴뜨기 20코 10단

■ **완성 치수**
머리둘레 54cm

■ **뜨는 방법**
1. 원형뜨기 시작코를 만들어서 모티브A·B를 3장씩, 총 6장을 뜨고 감아잇기로 연결해서 원통으로 만듭니다. 이 모티브가 사이드 크라운이 됩니다.
2. 원형뜨기 시작코를 만들어서 한길긴뜨기로 톱 크라운을 뜹니다.
3. 모티브에서 코를 주워 짧은뜨기 이랑뜨기, 한길긴뜨기로 챙을 뜹니다.
4. 톱 크라운과 모티브를 감아잇기합니다.

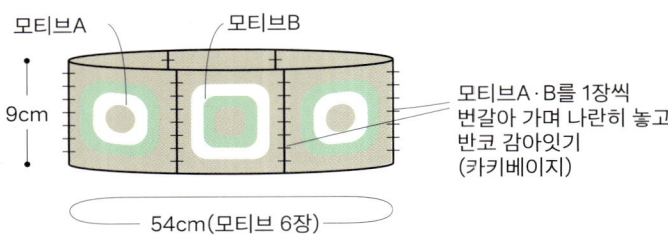

**사이드 크라운**
모티브 연결
6/0호 코바늘
※모티브A·B의 배색은 뜨개 도안 참조.

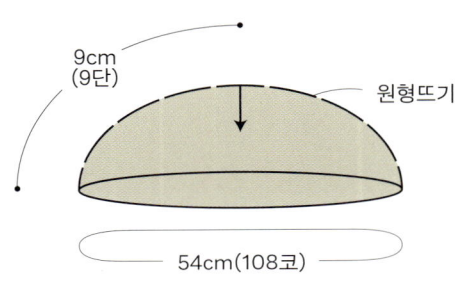

**톱 크라운**
한길긴뜨기
카키베이지
6/0호 코바늘

※코늘리기는 뜨개 도안 참조.

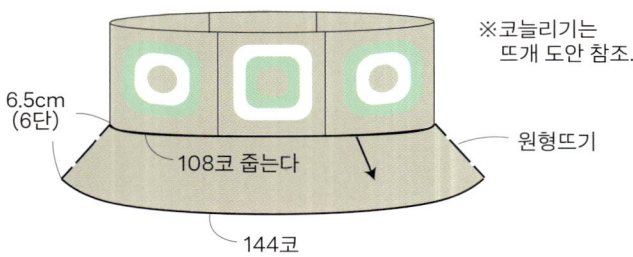

**챙**
짧은뜨기 이랑뜨기·한길긴뜨기
카키베이지
6/0호 코바늘

**모티브A·B 뜨개 도안**
(각 3장)

**마무리**

**모티브 배색**

|  | 모티브A | 모티브B |
|---|---|---|
| 1·4단 | 카키베이지 | 카키베이지 |
| 2단 | 화이트 | 그린 |
| 3단 | 그린 | 화이트 |

## 톱 크라운 뜨개 도안

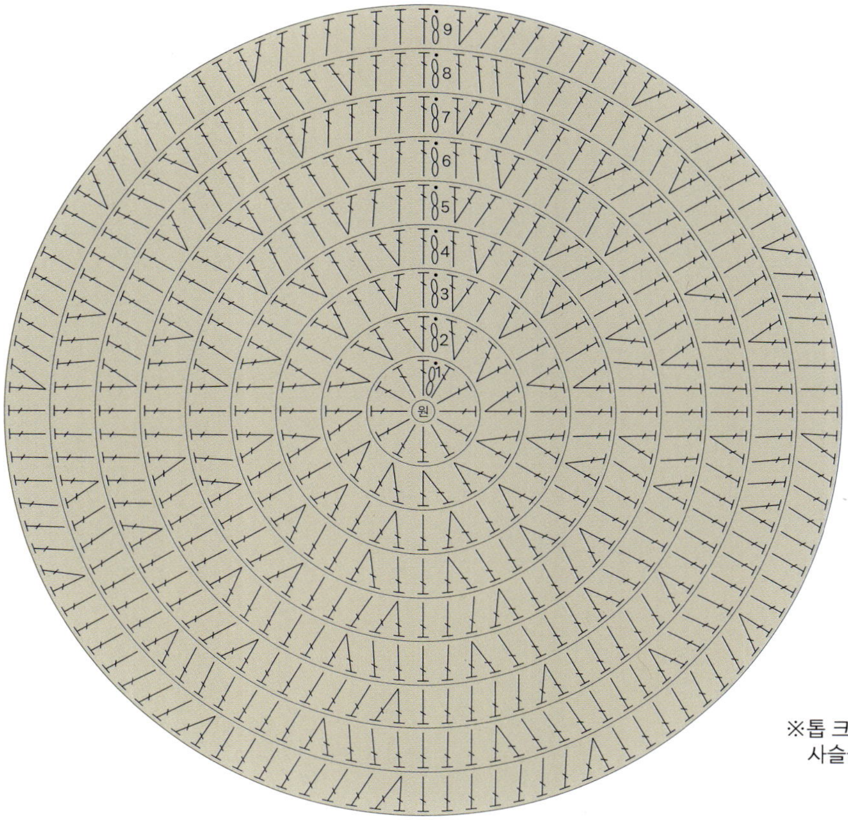

9 ...108코
8 ...96코
7 ...84코
6 ...72코  ┐
5 ...60코  │ 단마다 12코 늘리기
4 ...48코  │
3 ...36코  ┘
2 ...24코
1 ...12코
단

※톱 크라운, 챙은 기둥코의 사슬을 콧수에서 제외한다.

## 챙 뜨개 도안

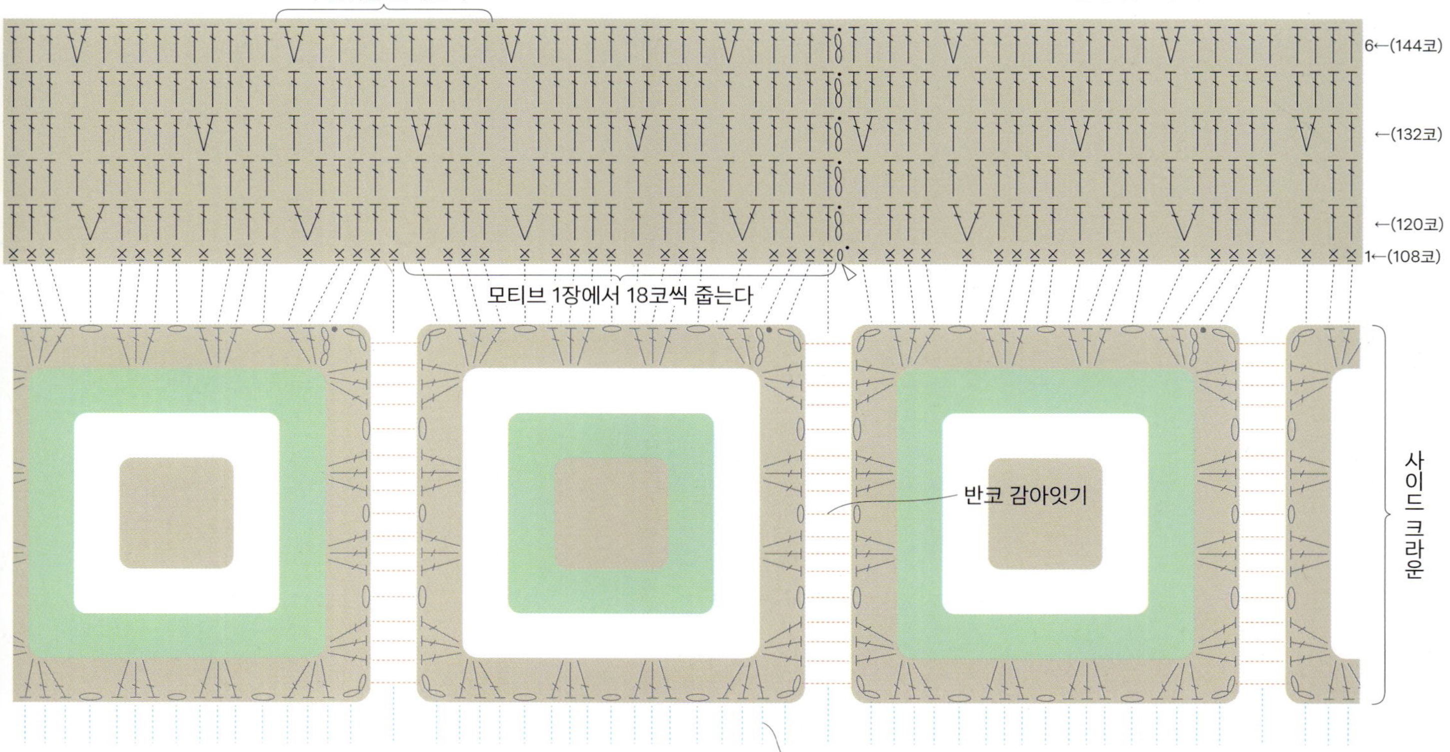

2·4·6단의 코늘리기는 이 범위를 반복한다

△ = 실을 잇는다

6←(144코)
←(132코)
←(120코)
1←(108코)

모티브 1장에서 18코씩 줍는다

반코 감아잇기

사이드 크라운

톱 크라운의 9단과 반코 감아잇기

### ■ 사용하는 실
**하마나카 카폭 코튼**
화이트(1) 20g
라이트그레이(2) 40g
다크그레이(4) 35g
브릭브라운(10) 95g

### ■ 도구
코바늘 6/0호

### ■ 완성 치수
바닥 지름 20㎝, 높이 24.5㎝

### ■ 뜨는 방법
1. 원형뜨기 시작코를 만들어서 모티브 4장을 뜨고 감아잇기로 연결해서 원통으로 만듭니다.
2. 모티브에서 코를 주워 바닥 쪽에 짧은뜨기 합니다.
3. 모티브에서 코를 주워 입구 쪽에 원통으로 테두리뜨기합니다.
4. 원형뜨기 시작코를 만들어서 짧은뜨기로 바닥을 뜹니다.
5. 바닥과 옆면을 짧은뜨기로 잇습니다.
6. 사슬뜨기로 원형 시작코를 만들어서 어깨 끈을 뜨고 지정한 위치에 답니다.
7. 스레드 코드로 끈을 떠서 테두리뜨기 부분에 끼웁니다.

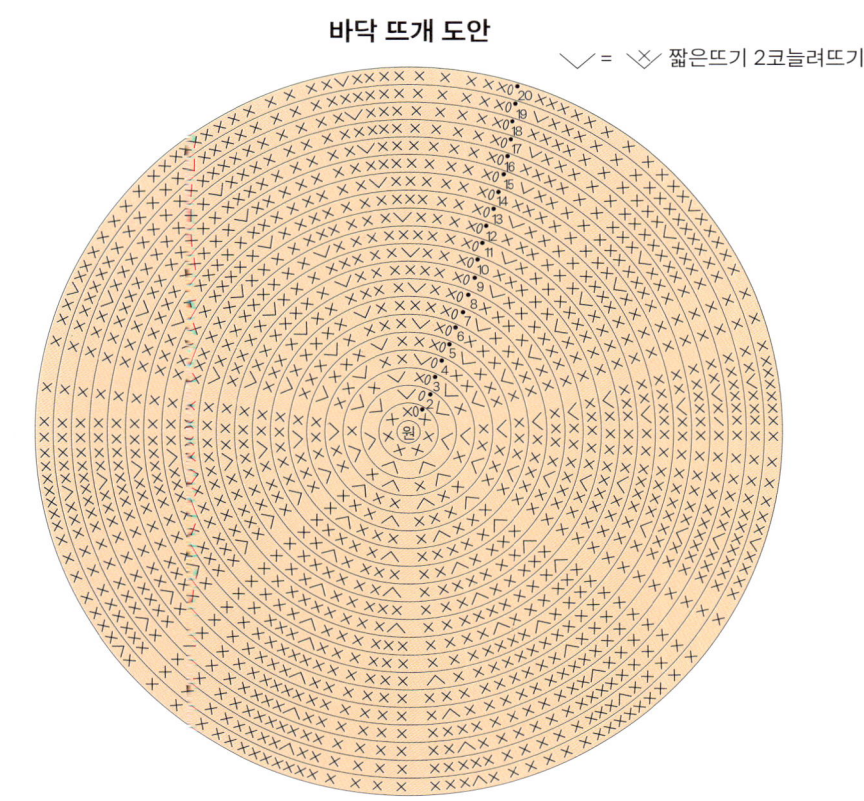

| 단 | 코수 | |
|---|---|---|
| 20 | 132코 | 단마다 6코 늘리기 |
| 19 | 126코 | |
| 18 | 120코 | |
| 17 | 114코 | |
| 16 | 108코 | |
| 15 | 102코 | |
| 14 | 96코 | |
| 13 | 90코 | |
| 12 | 84코 | 단마다 7코 늘리기 |
| 11 | 77코 | |
| 10 | 70코 | |
| 9 | 63코 | |
| 8 | 56코 | |
| 7 | 49코 | |
| 6 | 42코 | |
| 5 | 35코 | |
| 4 | 28코 | |
| 3 | 21코 | |
| 2 | 14코 | |
| 1 | 7코 | |

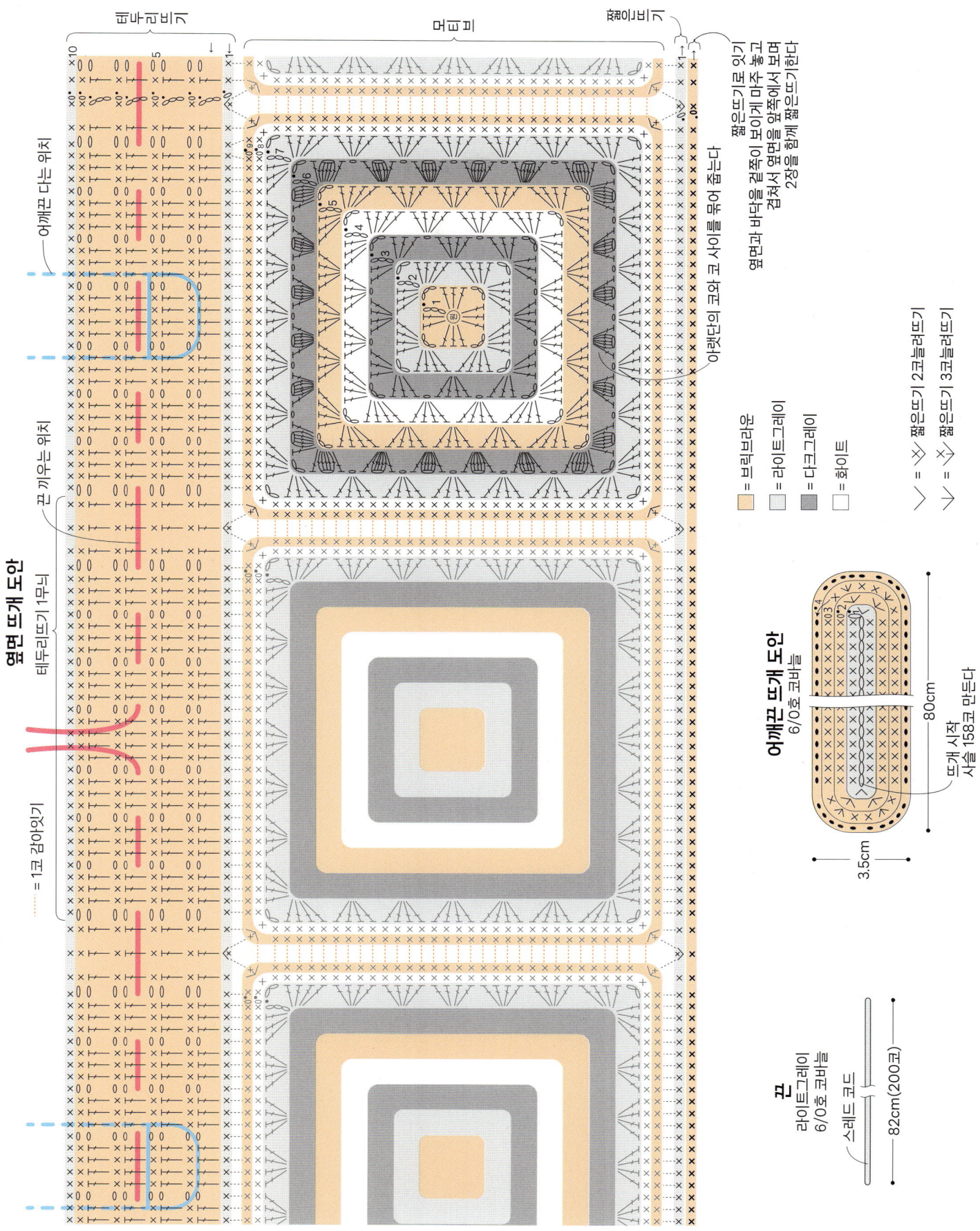

# 32P

■ **사용하는 실**
**하마나카 워셔블 리넨**
라이트브라운(4) 65g
크림옐로(6) 65g
라이트블루(9) 65g
네이비(10) 65g
오프화이트(1) 30g

■ **도구**
코바늘 4/0호

■ **완성 치수**
가로 140㎝, 세로 약 43㎝

■ **뜨는 방법**
1. 사슬뜨기로 원형 시작코를 만들어서 모티브 1장을 뜹니다.
2. 2번째 장 이후는 마지막 단을 뜨면서 옆의 모티브에 연결해가며 모티브 총 60장을 뜹니다.

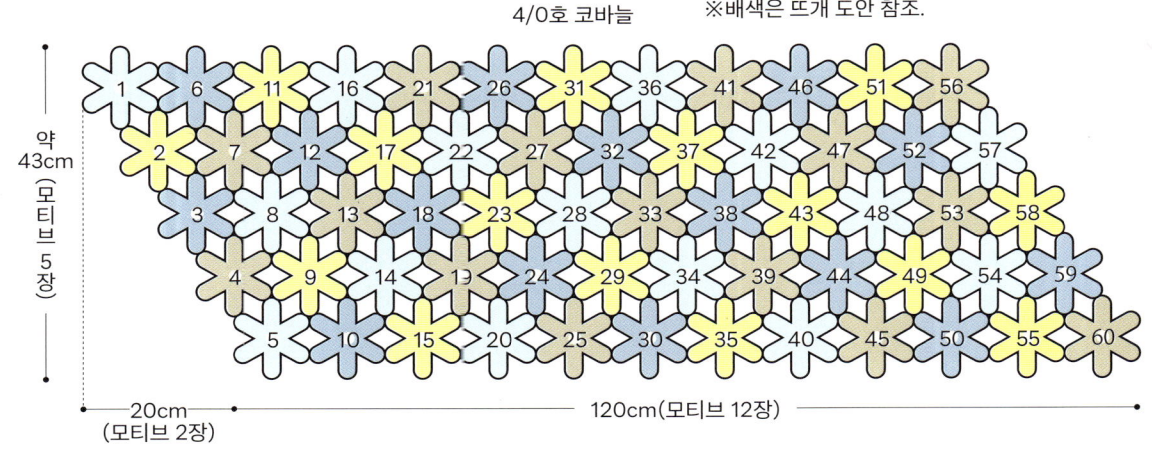

**숄**
모티브 연결
4/0호 코바늘

※모티브는 숫자 순서대로 뜨면서 연결한다.
※배색은 뜨개 도안 참조.

**모티브의 배색과 장수**

| |  ❋(오프화이트) |  ❋(크림옐로) |  ❋(라이트블루) |  ❋(라이트브라운) |
|---|---|---|---|---|
| 1단 | 오프화이트 | 오프화이트 | 오프화이트 | 오프화이트 |
| 2~4단 | 라이트블루 | 크림옐로 | 네이비 | 라이트브라운 |
| 장수 | 15장 | 15장 | 15장 | 15장 |

3단은 왕복뜨기로 꽃잎을 1장씩 완성해가며 뜬다

4단에 이어진다

**모티브 뜨개 도안**

11cm
10cm

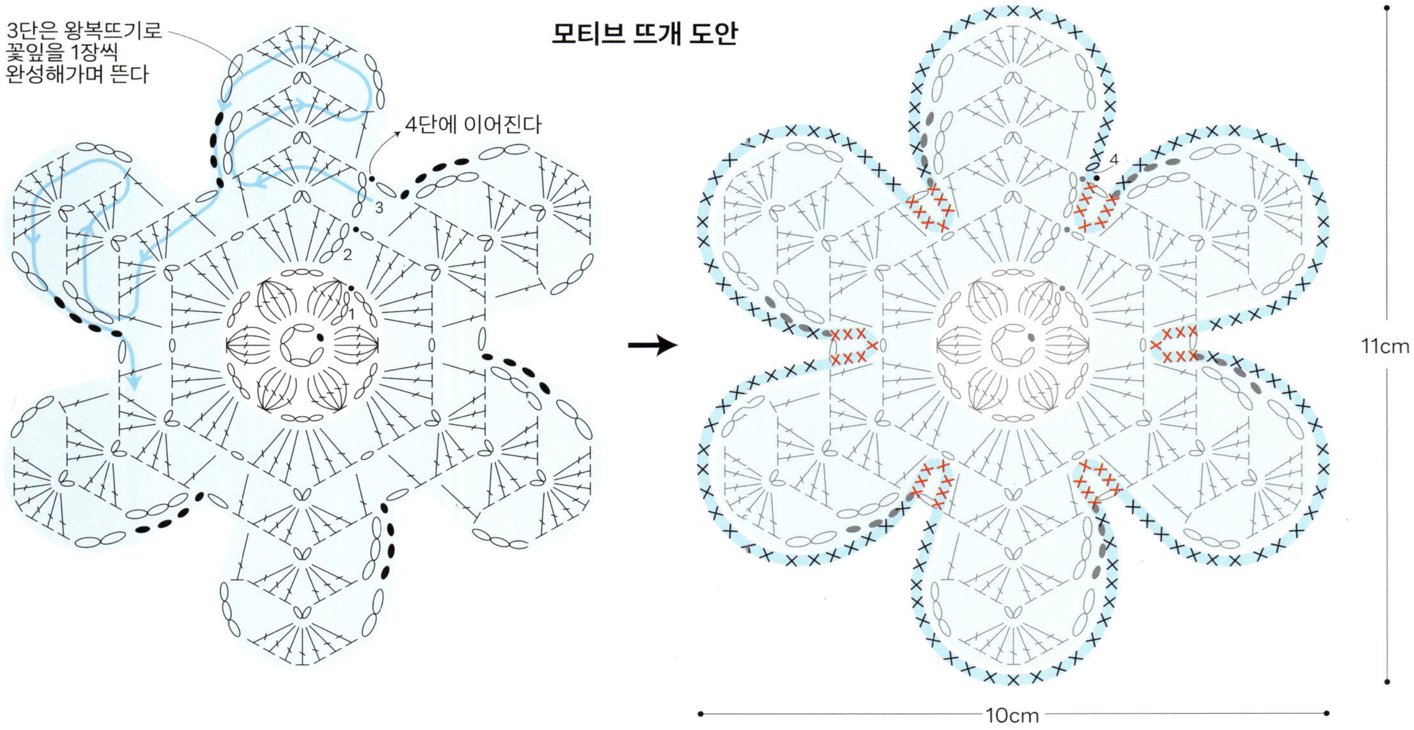

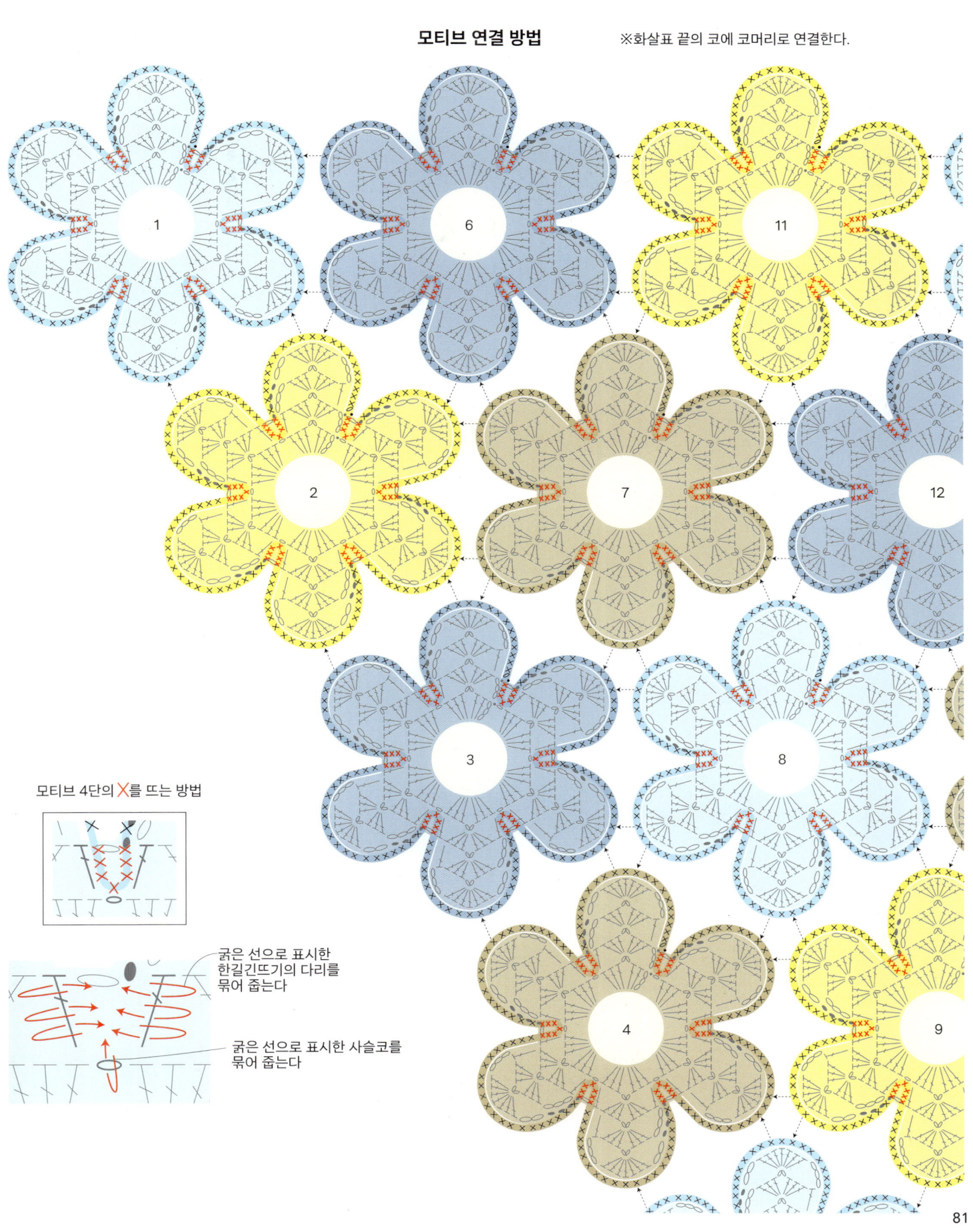

# 36P No.33

■ **사용하는 실**
하마나카 워시 코튼
에크루(2) 235g

■ **도구**
코바늘 4/0호

■ **완성 치수**
가로 128㎝, 세로 33.5㎝

■ **뜨는 방법**
1. 원형뜨기 시작코를 만들어서 모티브 1장을 뜹니다.
2. 2번째 장 이후는 마지막 단을 뜨면서 옆의 모티브에 연결해가며 모티브 총 36장을 뜹니다.
3. 테두리뜨기합니다.

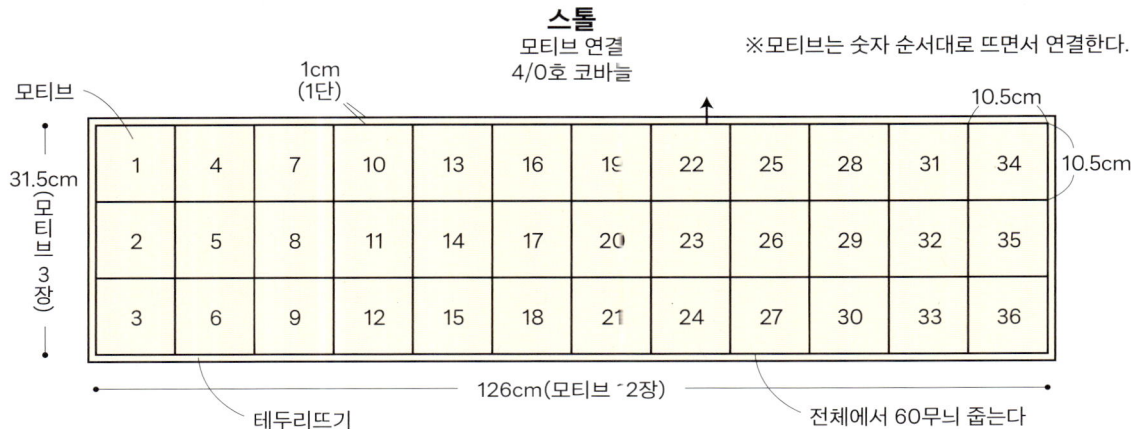

스톨
모티브 연결
4/0호 코바늘

※모티브는 숫자 순서대로 뜨면서 연결한다.

모티브 뜨개 도안 (36장)

아랫단의 사슬코(○)를 갈라 줍는다

## 34

■ **사용하는 실**
하마나카 워시 코튼
분홍색(19) 90g
흰색(1) 15g
연녹색(37) 10g

■ **도구**
코바늘 4/0호

■ **완성 치수**
가로 17㎝, 세로 30㎝

■ **뜨는 방법**
1. 원형뜨기 시작코를 만들어서 모티브 16장을 뜹니다.
2. 모티브를 그림과 같이 8장씩 나란히 놓고 감아잇기한 후 테두리뜨기합니다.
3. 2의 앞면과 뒷면을 감아잇기해서 주머니 모양으로 만듭니다.
4. 입구를 원통으로 짧은뜨기합니다.
5. 티슈 토출구에 짧은뜨기합니다.
6. 사슬뜨기로 시작코를 만들어서 짧은뜨기로 손잡이를 뜬 후 입구에 답니다.

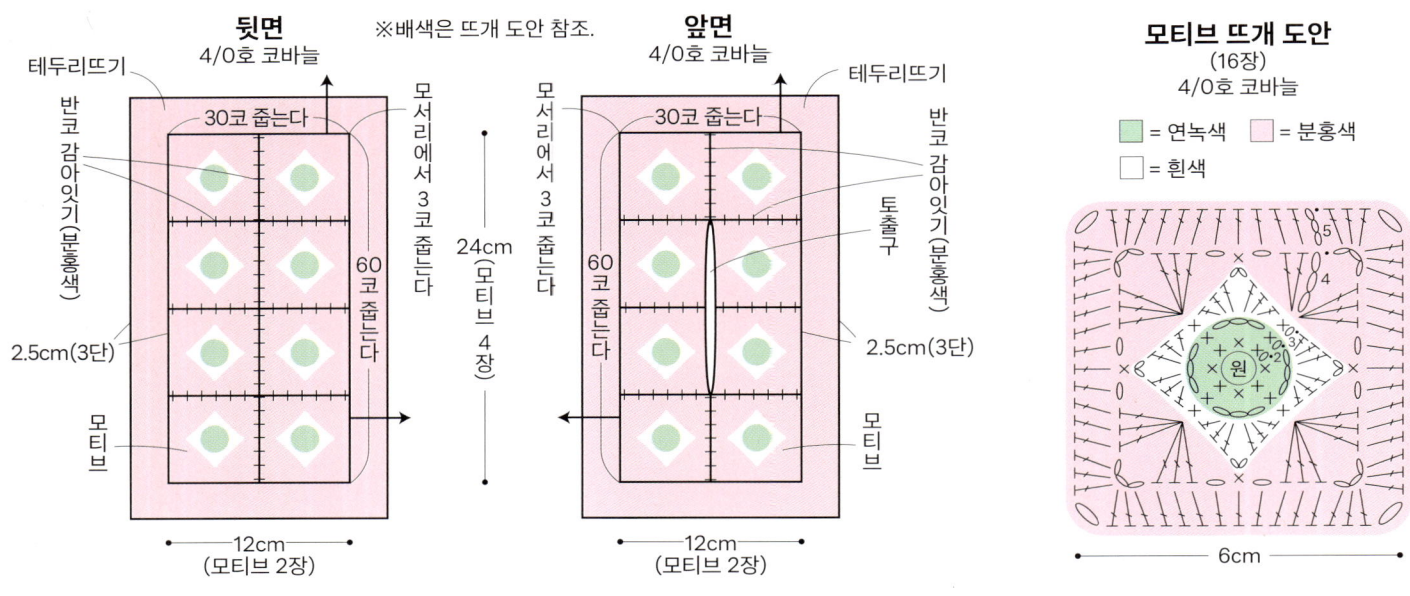

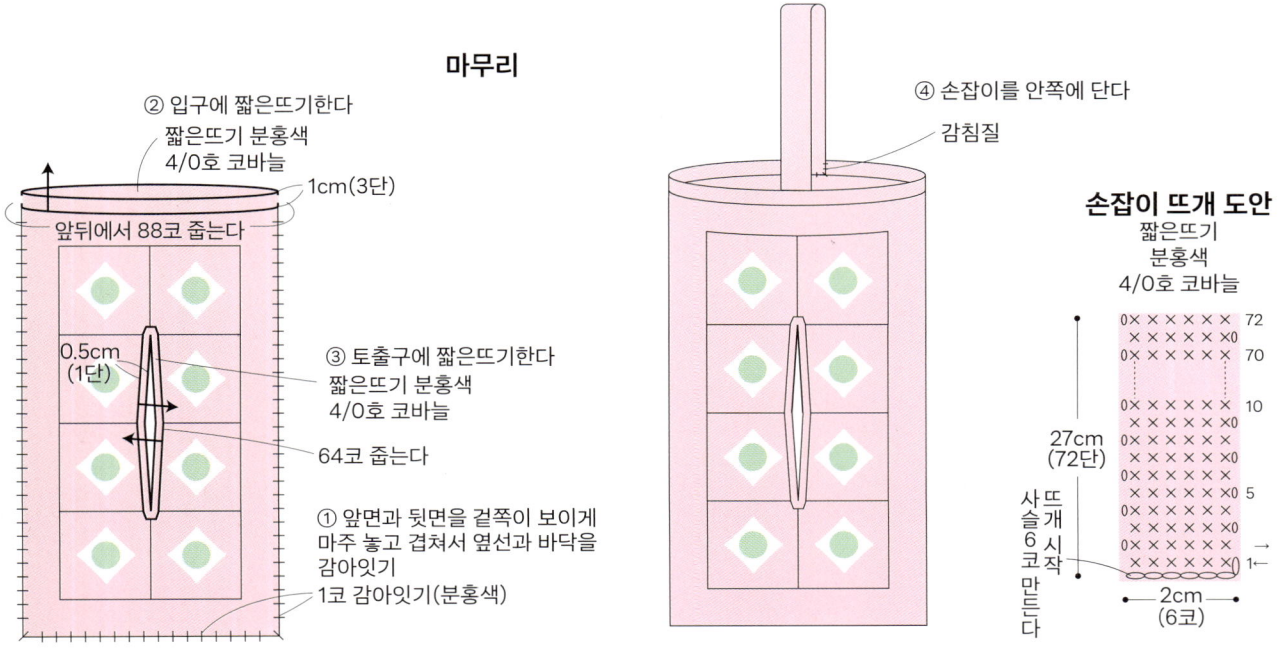

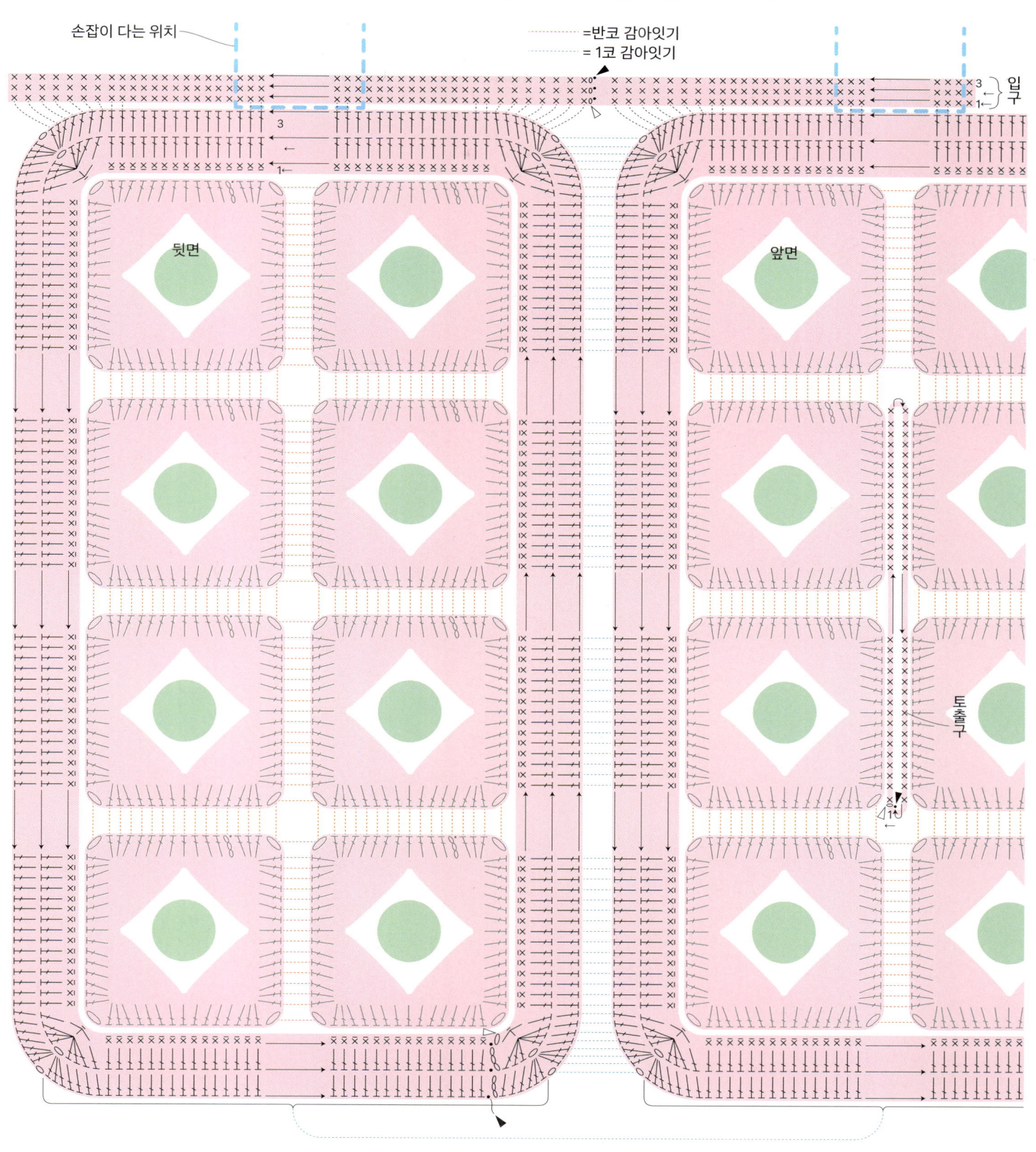

# 39P No 35

### ■ 사용하는 실
**하마나카 워시 코튼**
하늘색(12) 200g
연보라색(7) 90g
흰색(1) 20g

### ■ 기타 재료
단추(20㎜) 3개
쿠션솜(40㎝×40㎝) 1개

### ■ 도구
코바늘 4/0호

### ■ 완성 치수
가로 39㎝, 세로 39㎝

### ■ 뜨는 방법
1. 원형뜨기 시작코를 만들어서 모티브 32장을 뜹니다.
2. 모티브를 그림과 같이 나란히 놓고 감아잇기해서 각각 앞면, 뒷면으로 합니다.
3. 앞면, 뒷면의 둘레에 각각 짧은뜨기합니다.
4. 앞면과 뒷면을 감아잇기합니다.
5. 단추를 답니다.

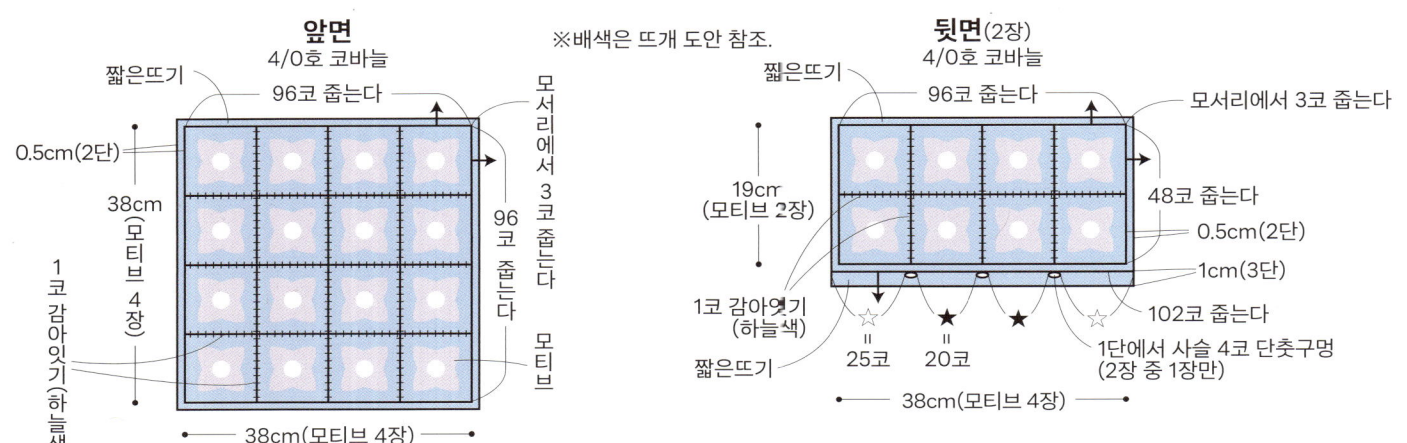

## 마무리

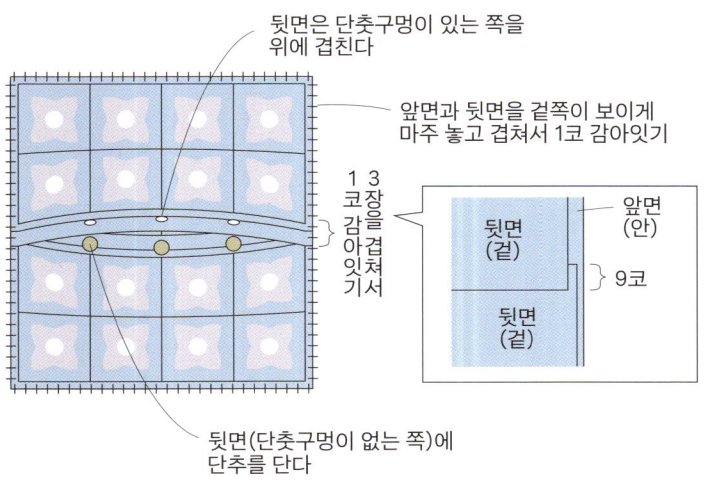

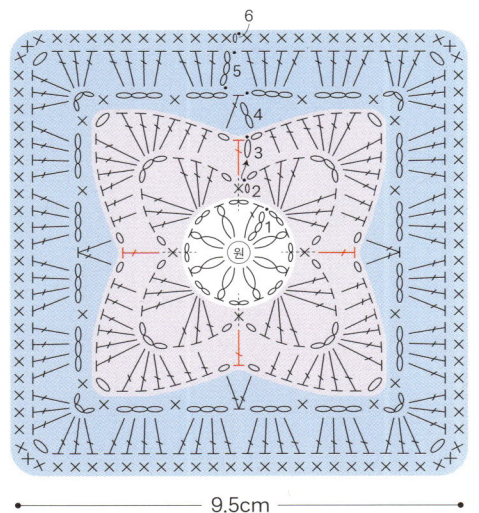

※3단의 ┬는 1단의 사슬코를 묶어 주워서
2단의 짧은뜨기를 감싸며 뜬다.

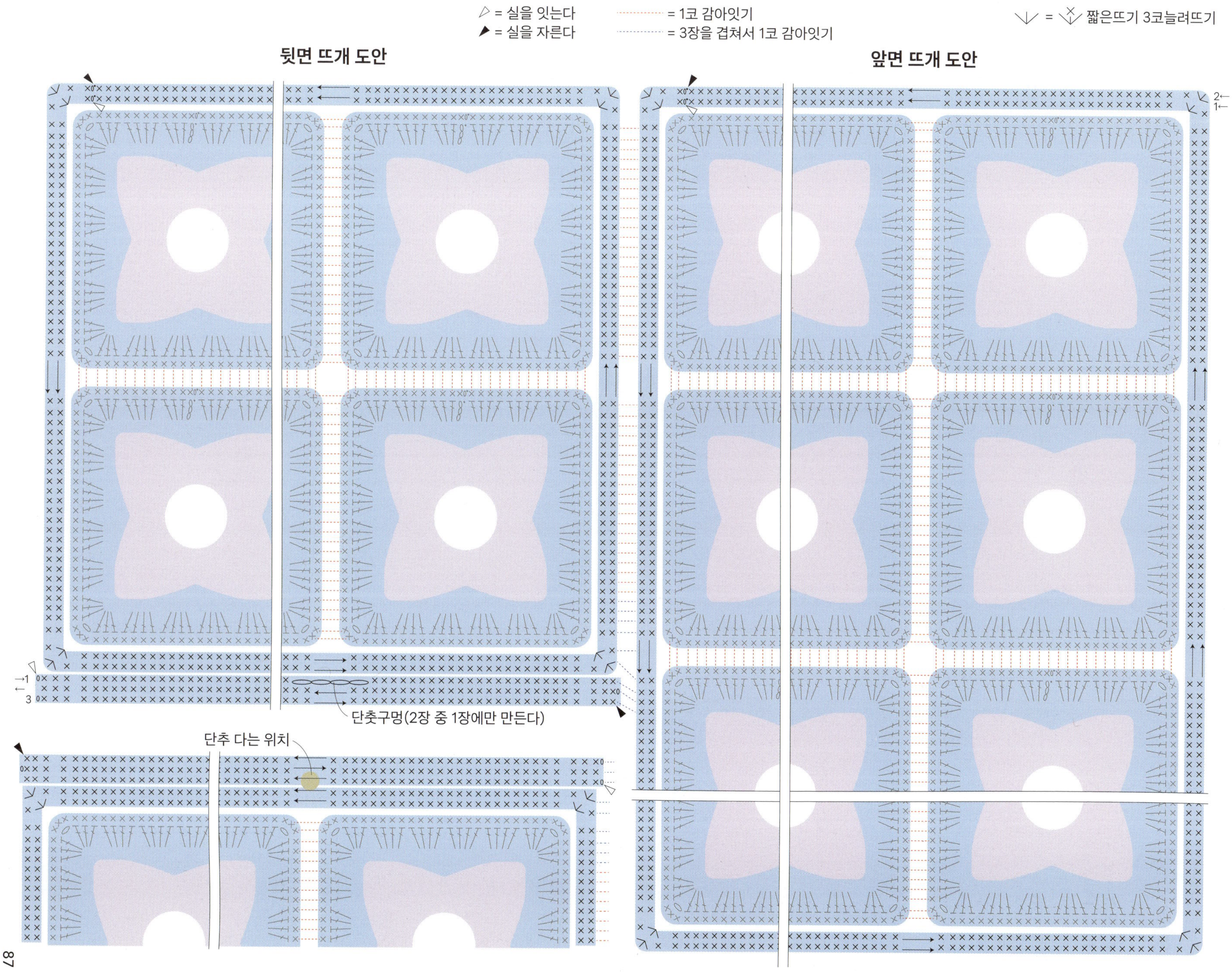

∨ = ✗ 짧은뜨기 3코늘려뜨기

✗ 짧은뜨기 3코늘려뜨기

앞면 뜨개 도안

뒷면 뜨개 도안

┈┈┈ = 1코 감아잇기
┄┄┄ = 3장을 겹쳐서 1코 감아잇기

△ = 실을 잇는다
▲ = 실을 자른다

단춧구멍(2장 중 1장에만 만든다)

단추 다는 위치

## 40P №36

■ **사용하는 실**
**하마나카 워시 코튼**
흰색(1) 520g
베이비핑크(8) 80g
라즈베리(36) 80g

■ **도구**
코바늘 4/0호

■ **완성 치수**
가로 102㎝, 세로 76.5㎝

■ **뜨는 방법**
1. 사슬뜨기로 원형 시작코를 만들어서 모티브A 1장을 뜹니다.
2. 2번째 장 이후는 마지막 단을 뜨면서 곁의 모티브에 연결해가며 모티브A·B를 지정한 장수만큼 뜹니다.
3. 사슬뜨기로 원형 시작코를 만들어서 모티브A·B의 틈을 메우듯이 연결하며 모티브C를 뜹니다.

**무릎 덮개**
모티브 연결
4/0호 코바늘

※모티브는 숫자 순서대로 뜨면서 연결한다.

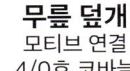 = 모티브A(54장)

 = 모티브B(54장)

✖ = 모티브C(88장)

### 모티브A·B 뜨개 도안

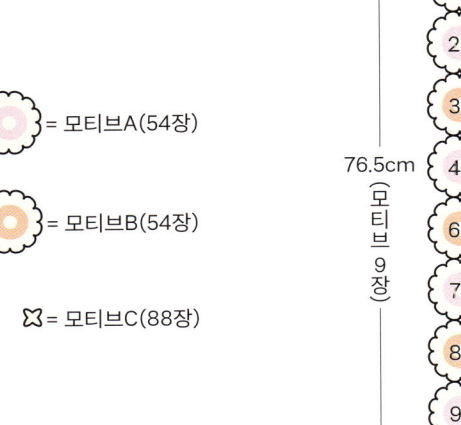

8.5cm

☐ = 흰색
▨ = 모티브A : 베이비핑크
　　모티브B : 라즈베리

### 모티브C 뜨개 도안
흰색

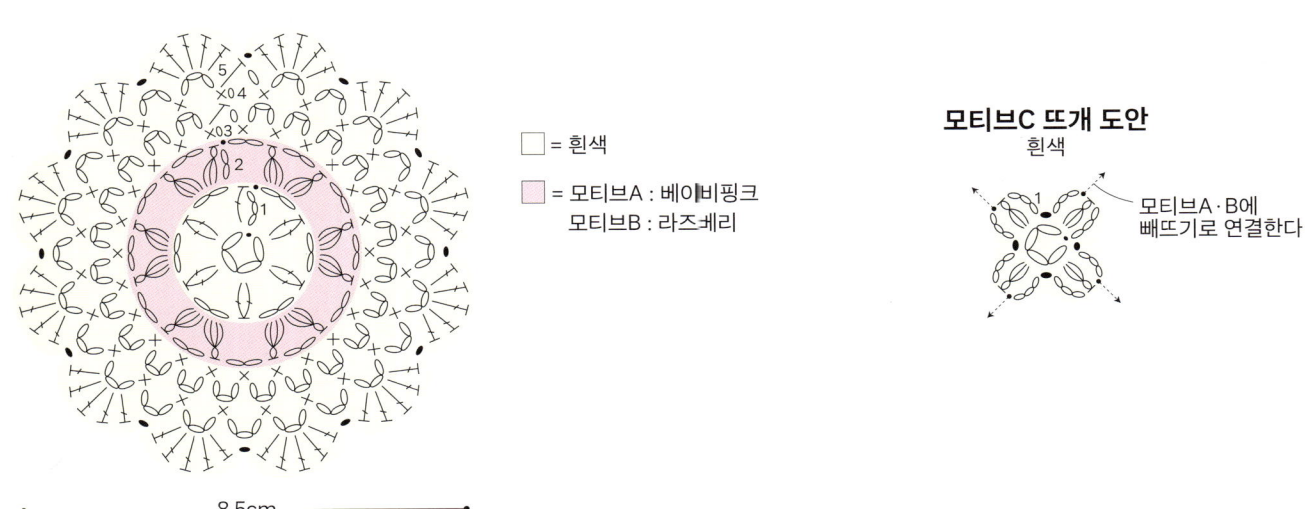

모티브A·B에 빼뜨기로 연결한다

모티브 연결 방법

→ = 화살표 끝이 코에 코머리로 연결한다(모티브A·B)
┈▶ = 화살표 끝이 코에 빼뜨기로 연결한다(모티브C)

1 모티브A
2 모티브B
모티브C
3
4
13
14
15
16
25
26
27
28

89

# 34P No.32

### ■ 사용하는 실
**하마나카 워시 코튼**
에크루(2) 430g
연갈색(23) 105g
하늘색(12) 75g

### ■ 기타 재료
단추(15mm) 5개

### ■ 도구
코바늘 4/0호

### ■ 완성 치수
가슴둘레 110㎝, 총길이 47㎝, 화장 47㎝

### ■ 뜨는 방법
1. 원형뜨기 시작코를 만들어서 모티브A 74장, 모티브B 2장을 뜹니다.
2. 모티브를 그림과 같이 나란히 놓고 감아잇기 합니다.
3. 앞여밈단·밑단·네크라인·소맷단에 짧은뜨기 합니다.
4. 사슬뜨기로 시작코를 만들어서 짧은뜨기로 칼라를 뜨고 감아잇기로 몸판에 답니다.
5. 단추를 답니다.

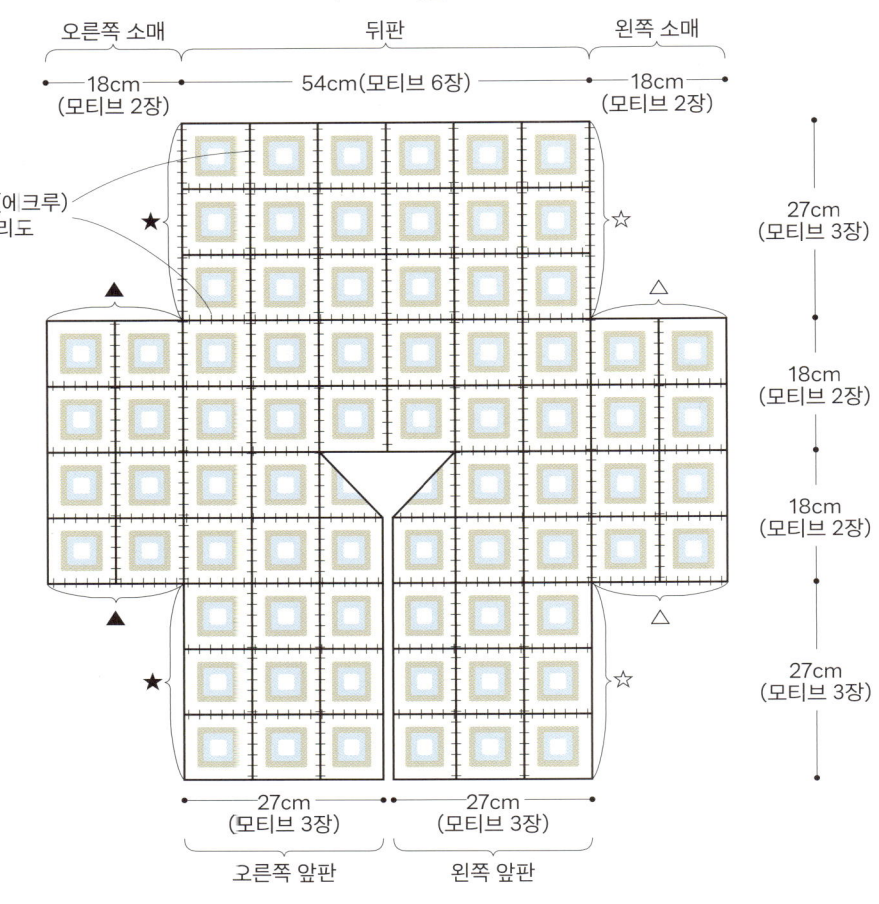

앞뒤 몸판·소매
모티브 연결
4/0호 코바늘

= 모티브A(74장)
= 모티브B(2장)

**모티브A 뜨개 도안**
(74장)

= 에크루
= 하늘색
= 연갈색

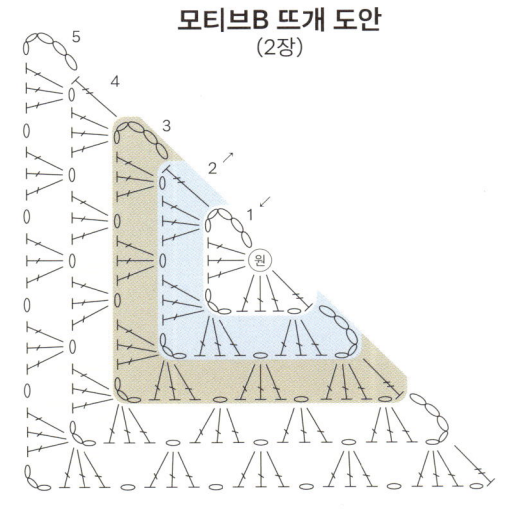

**모티브B 뜨개 도안**
(2장)

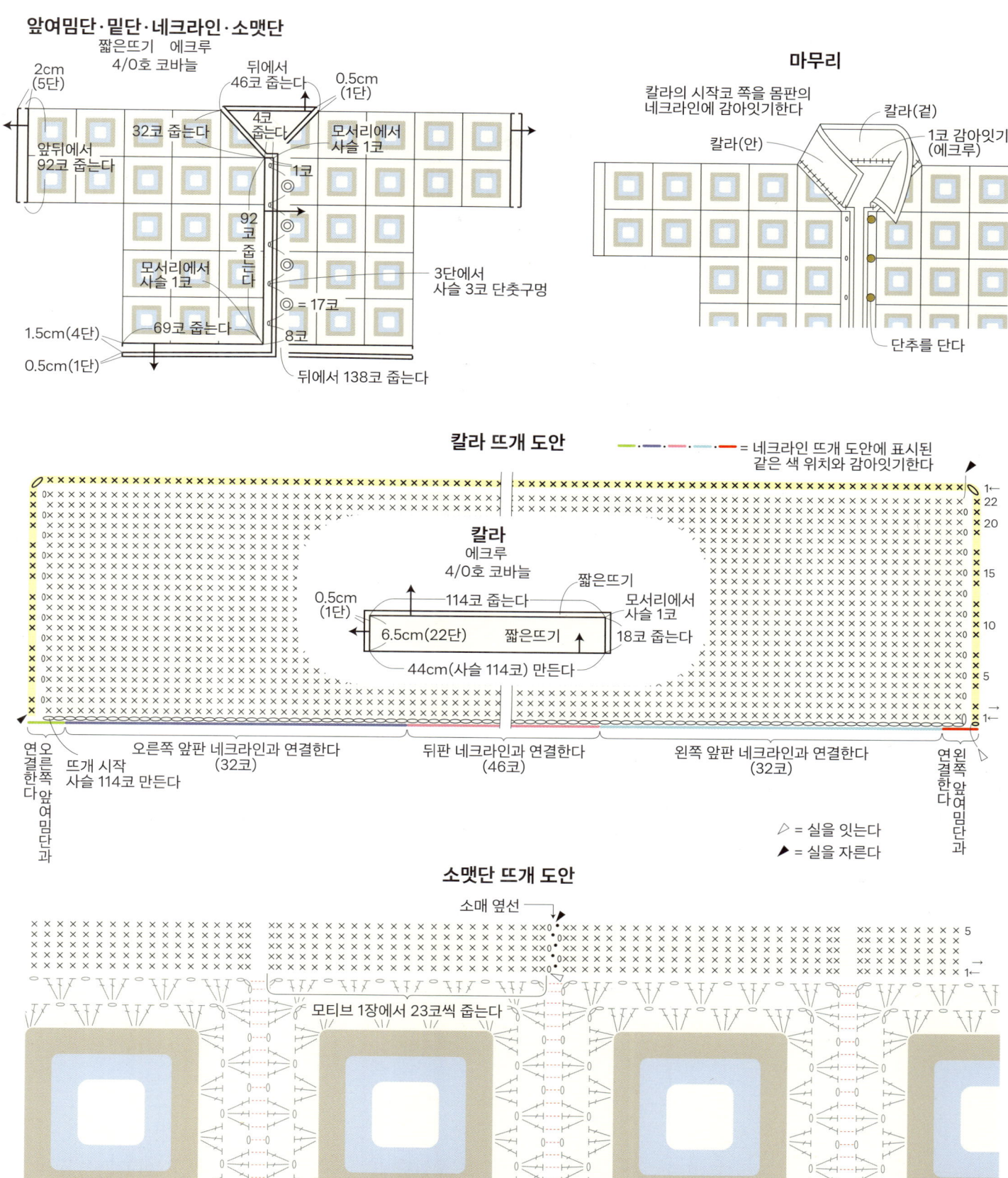

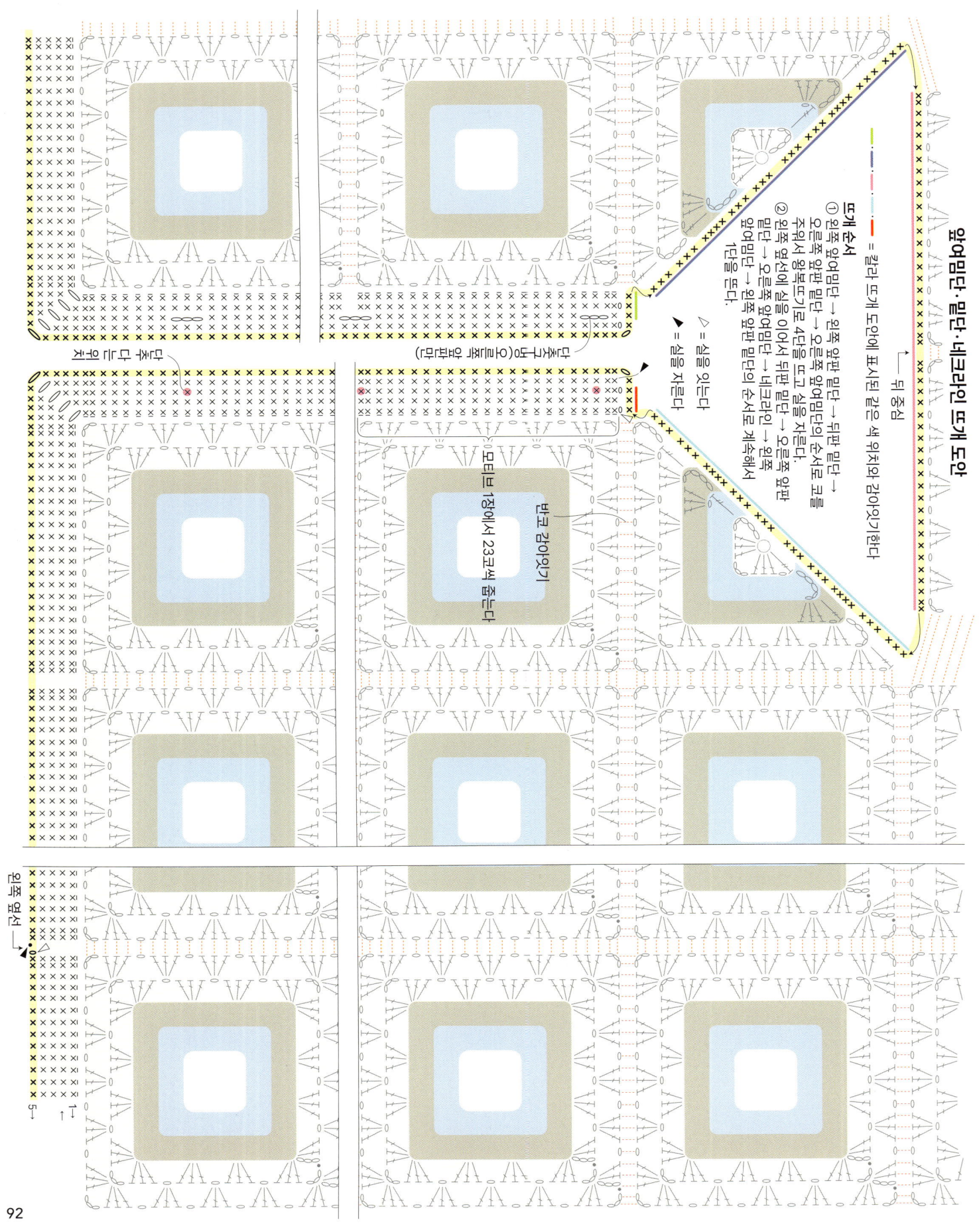

### ■ 사용하는 실
**하마나카 워시 코튼 '크로셰'**

**07** 흰색(101) 10g
라벤더(123) 7g
체리핑크(146) 6g

**08** 흰색(101) 30g
청록색(142) 20g
하늘색(148) 18g

### ■ 기타 재료
키홀더 연결고리(약 32mm×12mm) 2개

**07**에만 필요
스마트폰 케이스용 스트랩홀더 1개

### ■ 도구
코바늘 2/0호

### ■ 완성 치수
**07** 폭 4cm, 길이 31cm
**08** 폭 4cm, 길이 111cm
(금속 부자재 제외)

### ■ 뜨는 방법
1. 원형뜨기 시작코를 만들어서 모티브를 지정한 장 수만큼 뜹니다.
2. 모티브 2장을 겉쪽이 보이게 마주 놓고 겹쳐서 2장을 함께 테두리뜨기합니다. 테두리뜨기하며 옆의 모티브에 연결합니다. 양 끝의 모티브에서는 연결고리를 함께 감싸서 뜹니다.
3. **07**은 스마트폰 케이스용 스트랩홀더에 연결고리를 겁니다.

### 07 마무리

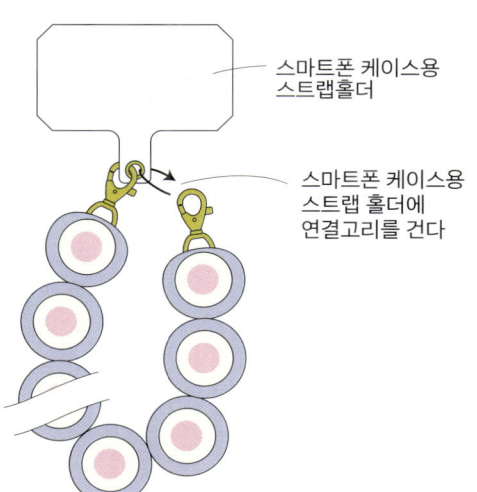

## 스트랩
2/0호 코바늘

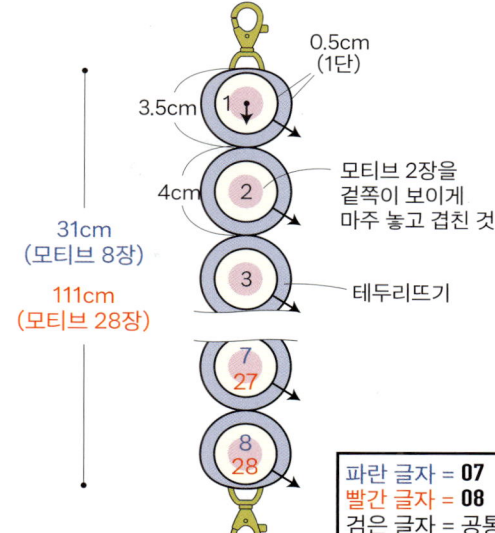

파란 글자 = 07
빨간 글자 = 08
검은 글자 = 공통

※1과 8, 28만 테두리뜨기를 변형해서 연결고리를 넣는다.

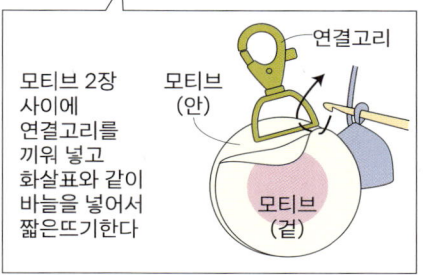

### 배색

| 배색 | 07 | 08 |
|---|---|---|
| A색 | 체리핑크 | 하늘색 |
| B색 | 흰색 | 흰색 |
| C색 | 라벤더 | 청록색 |

### 모티브 뜨개 도안
(16장 56장)
2/0호 코바늘

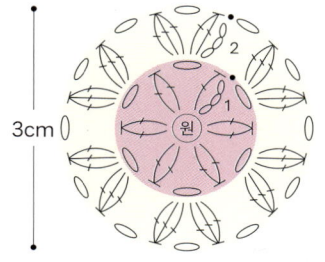

= A색
= B색
= C색

### 테두리뜨기 뜨개 도안과 연결 방법
※모티브를 2장씩 겉쪽이 보이게 마주 놓고 겹쳐서 2장을 함께 뜬다.
※2번째 장 이후는 화살표 끝의 코에 코머리로 연결한다.

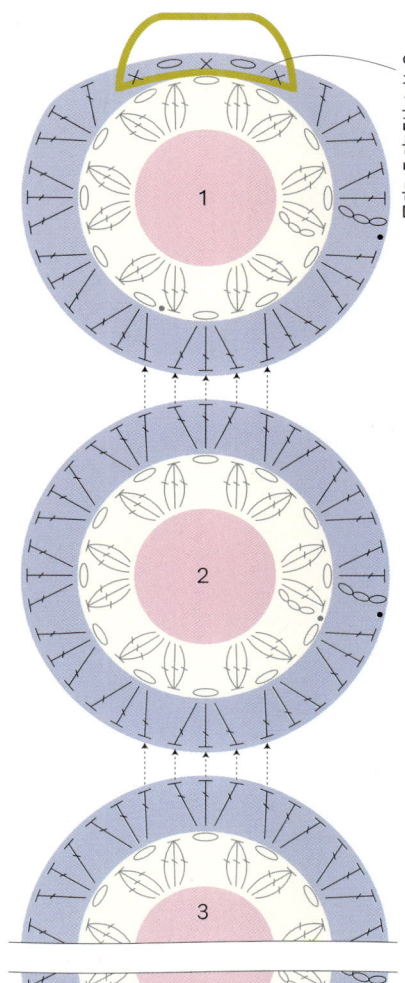

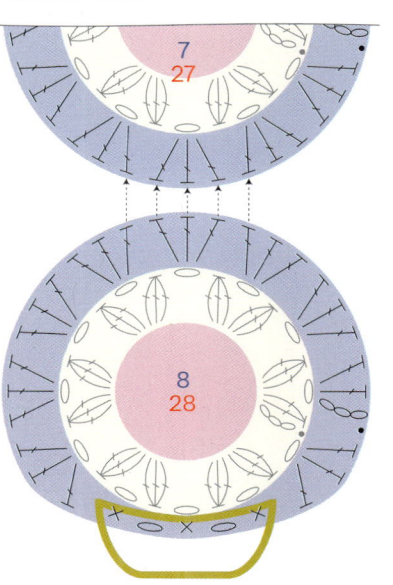

# 뜨개질을 시작하기 전에

## *설명도를 보는 방법

## *뜨개 도안 보는 방법

코바늘뜨기의 뜨개코는 전부 뜨개코 기호로 표시합니다. 그 기호 여러 개를 조합해서 뜨개 도안이 만들어집니다. 뜨개 도안은 전부 겉쪽에서 본 상태로 표시됩니다.

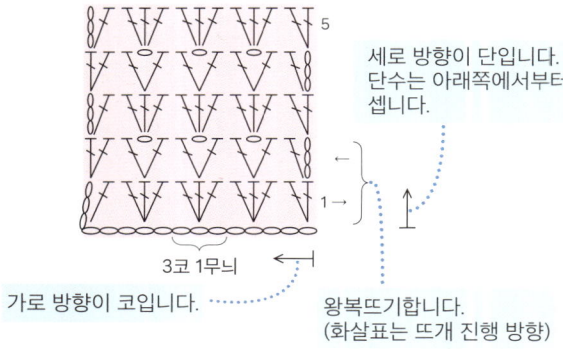

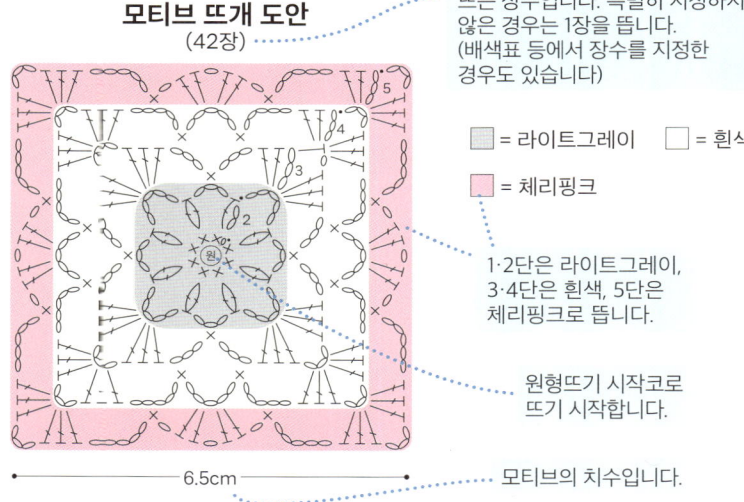

## *원형뜨기와 왕복뜨기

**원형뜨기** 늘 뜨개바탕의 겉쪽을 보며 단마다 같은 방향으로 뜹니다.

〈중심에서 뜨기 시작하는 경우〉
원형뜨기 시작코를 만들어 중심에서 바깥쪽으로 뜹니다. 늘 겉쪽을 보며 반시계 방향으로 뜹니다.

〈원통 모양으로 뜨는 경우〉
사슬뜨기 시작코를 원형으로 만들어 1단을 다 뜰 때마다 그 단의 첫 코에 빼뜨기로 연결해 원통을 만듭니다. 나선 모양으로 뜹니다.

**왕복뜨기**
1단씩 번갈아 가며 겉쪽과 안쪽을 보면서 화살표 방향으로 뜹니다.
(화살표가 왼쪽을 향할 때는 겉쪽을 보며, 화살표가 오른쪽을 향할 때는 안쪽을 보며 뜹니다.)

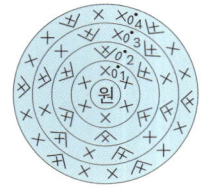
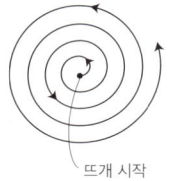
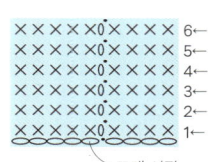
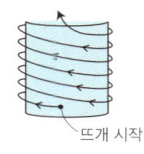
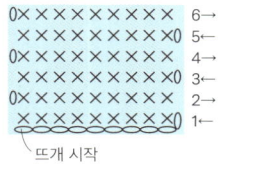
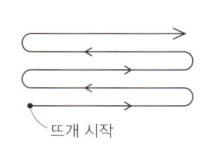

## * 기둥코

단의 시작 부분에 그 단의 뜨개코 높이와 같은 치수로 뜨는 사슬뜨기를 '기둥코'라고 합니다.
기둥코는 짧은뜨기에서는 코로 세지 않지만, 그 밖의 뜨개 기법에서는 단 시작 부분의 1코로 셉니다.

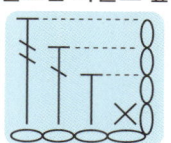
필요한 사슬코 높이

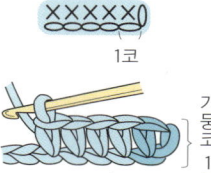
짧은뜨기의 경우 — 1코 / 기둥코 1코

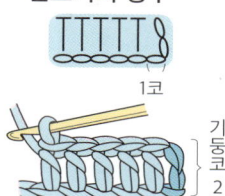
긴뜨기의 경우 — 1코 / 기둥코 2코

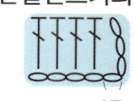
한길긴뜨기의 경우 — 1코 / 기둥코 3코

## * 코머리

코줍기나 잇기의 지시에서 '코머리'라는 용어가 나오는데 이는 아래의 그림 부분을 나타냅니다.

코머리
※코머리의 아랫부분은 '다리'라고 합니다.

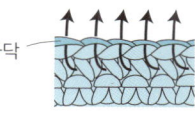
코머리의 뒤쪽 1가닥(반코)을 줍는다 — 뒤쪽 1가닥

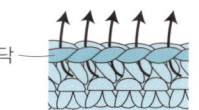
코머리의 앞쪽 1가닥(반코)을 줍는다 — 앞쪽 1가닥

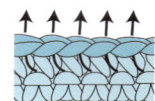
코머리 2가닥을 줍는다

# 기초 테크닉

## * 시작코

### 사슬뜨기로 만드는 시작코

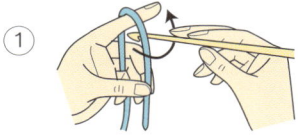
① 바늘을 뒤쪽에 대고 화살표와 같이 한 번 돌립니다.

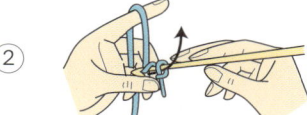
② 바늘에 실이 감깁니다. 감긴 실의 아래쪽을 왼손으로 누르고 실을 바늘에 걸어서 빼냅니다.

코바늘뜨기 동영상 일람
뜨개 기법을 쉽게 알 수 있는 기초 동영상은...
손뜨개와 수예 정보 사이트
www.amuuse.jp
※동영상은 아무유즈의 소유입니다. 이 책의 일러스트와 일부 다른 경우가 있으며 일본어로 제작되었습니다.

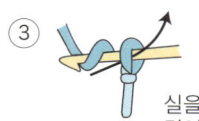
③ 실을 바늘에 걸어서 빼냅니다.

④ 같은 요령으로 반복해서 뜹니다.

### 원형뜨기 시작코

※1단을 짧은뜨기로 뜨는 경우로 설명합니다.

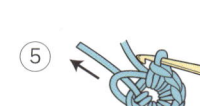
① 실을 손가락에 두 번 겁니다.

② 고리 안에 코바늘을 넣고 실을 걸어서 빼냅니다.

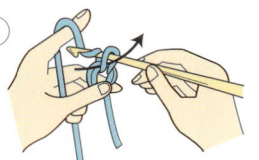
③ 실을 바늘에 걸어서 화살표와 같이 빼냅니다.

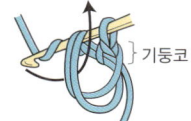
④ 사슬뜨기로 1단의 기둥코를 만들고 고리 안에 바늘을 넣은 후 실을 걸어 화살표와 같이 빼내서 짧은뜨기합니다. — 기둥코 사슬 1코

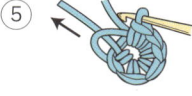
⑤ 필요한 콧수만큼 고리에 바늘을 넣어 뜬 후 실끝을 당기고 움직이는 쪽의 고리를 잡아당겨서 바깥쪽 원을 꽉 조입니다.

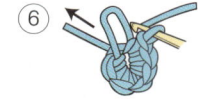
⑥ 실끝을 당겨서 안쪽 원도 꽉 조입니다.

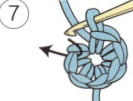
⑦ 짧은뜨기 첫 코에 화살표와 같이 바늘을 넣어서 빼뜨기합니다.

### 사슬뜨기로 원형을 만드는 시작코

※1단을 한길긴뜨기로 뜨는 경우로 설명합니다.

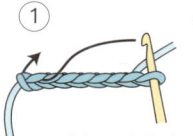
① 사슬뜨기해서 첫 코에 바늘을 넣습니다.

② 실을 걸어서 빼냅니다.

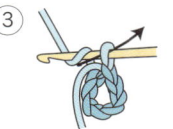
③ 1단의 기둥코 사슬 3코를 뜹니다.

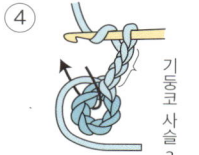
④ 실을 바늘에 걸어서 화살표와 같이 넣습니다. — 기둥코 사슬 3코

⑤ 한길긴뜨기 합니다.

⑥ 필요한 콧수만큼 뜬 후 화살표와 같이 기둥코의 3번째 사슬코에 바늘을 넣어서 빼뜨기합니다.

# *뜨개코 기호

## 사슬뜨기
① 실을 걸어서 뺍니다.
※실에 걸린 고리는 1코로 세지 않습니다.
② 같은 요령으로 반복해서 뜹니다.
③

## 빼뜨기
① 화살표와 같이 바늘을 넣습니다.
② 실을 바늘에 걸어서 한 번에 뺍니다.

## 짧은뜨기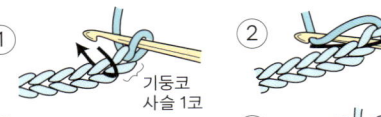
① 기둥코 사슬 1코
②
③ ④

## 긴뜨기
① 실을 바늘에 걸어서 화살표와 같이 바늘을 넣습니다. (사슬 2코 기둥코 / 토대의 코)
② ③ 바늘에 걸린 고리를 한 번에 뺍니다.
④

## 한길긴뜨기
① 기둥코 사슬 3코 / 토대의 코. 실을 바늘에 걸어서 화살표와 같이 바늘을 넣습니다.
② ③ 바늘에 걸린 고리를 2개씩 뺍니다.
④ ⑤

## 두길긴뜨기
① 실을 바늘에 두 번 걸고 화살표와 같이 바늘을 넣은 후 실을 걸어서 빼냅니다. (2회 / 사슬 4코 기둥코 / 토대의 코)
② 바늘에 걸린 고리를 2개씩 뺍니다.
③ ④ ⑤

## 세길긴뜨기
① 실을 바늘에 세 번 걸고 화살표와 같이 바늘을 넣은 후 실을 걸어서 빼냅니다. (3회 / 기둥코 사슬 5코 / 토대의 코)
② ③ ④ ⑤ 바늘에 걸린 고리를 2개씩 뺍니다.
⑥

## 이랑뜨기 (짧은뜨기의 경우)
① ②
아랫단 코머리 뒤쪽의 실 1가닥(또는 앞쪽의 실 1가닥)에 바늘을 넣어서 짧은뜨기합니다.

※ ● 는 같은 요령으로 바늘을 넣어서 빼뜨기합니다.
※ ⊤ 는 같은 요령으로 바늘을 넣어서 한길긴뜨기합니다.
※일반적인 짧은뜨기는 아랫단 코머리의 실 2가닥을 줍습니다.
(짧은뜨기 외에도 마찬가지)

## 피코뜨기
① 사슬 3코를 떠서 화살표와 같이 바늘을 넣습니다.
② ③ 실을 바늘에 걸어서 한 번에 뺍니다.

※ ◌ 는 ①에서 사슬 1코를 떠서 같은 요령으로 뜹니다.

## 짧은뜨기 2코늘려뜨기
① 짧은뜨기 1코를 뜹니다.
② 같은 코에 짧은뜨기 1코를 한 번 더 뜹니다.
③

※같은 요령으로 ⋎ 는 짧은뜨기 3코, ⋏ 는 짧은뜨기 이랑뜨기 2코를 같은 코에 넣어 뜹니다.

## 짧은뜨기 2코모아뜨기
① 미완성 짧은뜨기 2코를 뜹니다.
② 한 번에 뺍니다.
③

※같은 요령으로 ⋏ 는 미완성 짧은뜨기 3코, ⋏ 는 짧은뜨기 이랑뜨기 2코를 한 번에 뺍니다.

96

**한길긴뜨기 2코늘려뜨기**

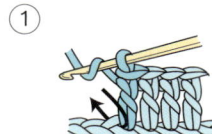

① 한길긴뜨기 1코를 뜹니다.
② 같은 코에 한길긴뜨기 1코를 한 번 더 뜹니다.

※같은 요령으로  는 긴뜨기 2코,  는 한길긴뜨기 3코,  는 한길긴뜨기 4코,  는 두길긴뜨기 2코를 같은 코에 넣어서 뜹니다.

 **한길긴뜨기 2코모아뜨기**

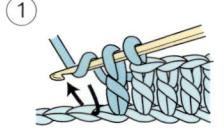

① 미완성 한길긴뜨기 2코를 뜹니다.
② 한 번에 뺍니다.

※같은 요령으로 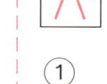 는 미완성 긴뜨기 2코, 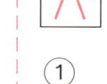 는 두길긴뜨기 2코를 한 번에 뺍니다.

'미완성'이란 한 번을 더 빼면 뜨개코(짧은뜨기나 한길긴뜨기 등)가 완성되는 상태를 말합니다.

---

 **한길긴뜨기 5코팝콘뜨기**

① 한길긴뜨기 5코를 뜨고 일단 바늘을 빼서 그림과 같이 다시 넣습니다.
② 화살표와 같이 실을 뺍니다.
③ 실을 바늘에 걸어서 화살표와 같이 뺍니다.
④

※  는 한길긴뜨기 3코,  는 한길긴뜨기 4코를 떠서 같은 요령으로 뜹니다.

 **긴뜨기 3코구슬뜨기**

① 아랫단의 같은 코에 미완성 긴뜨기 3코를 뜹니다.
② ③ 1번째 코 / 2번째 코 / 3번째 코
한 번에 뺍니다.
④

※같은 요령으로  는 미완성 긴뜨기 4코를 한 번에 뺍니다.

※  는 바늘에 걸린 고리를 긴뜨기 높이까지 길게 늘인 후 긴뜨기 3코구슬뜨기합니다.

---

 **한길긴뜨기 3코구슬뜨기**

① 아랫단의 같은 코에 미완성 한길긴뜨기 3코를 뜹니다.
② ③ 한 번에 뺍니다. ④

※같은 요령으로  는 미완성 한길긴뜨기 2코,  는 한길긴뜨기 5코,  는 두길긴뜨기 3코를 한 번에 뺍니다.

 **긴뜨기 3코변형구슬뜨기**

① 1번째 코 / 2번째 코 / 3번째 코
② ③

아랫단의 같은 코에서 미완성 긴뜨기 3코를 뜨고 실을 바늘에 걸어서 화살표와 같이 긴뜨기만 한 번에 뺍니다.

실을 바늘에 걸어서 나머지 고리 2개를 한 번에 뺍니다.

※  는 미완성 긴뜨기 2코,  는 긴뜨기 4코를 떠서 같은 요령으로 뜹니다.

---

 **한길긴뜨기 앞걸어뜨기**

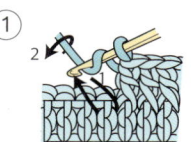

① ② ③

화살표와 같이 바늘을 넣고 실을 걸어서 빼냅니다.

한길긴뜨기합니다.

한길긴뜨기 앞걸어뜨기 완성입니다.

 **한길긴뜨기 뒤걸어뜨기**

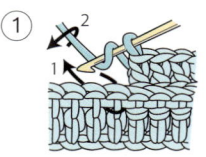

① ② ③

화살표와 같이 바늘을 넣고 실을 걸어서 빼냅니다.

한길긴뜨기합니다.

한길긴뜨기 뒤걸어뜨기 완성입니다.

## 한길긴뜨기 오른코 위 1코교차뜨기

※ 는 ①에서 한길긴뜨기 앞걸어뜨기하고 사슬 1코를 뜬 후 ③에서 같은 요령으로 한길긴뜨기 앞걸어뜨기합니다.

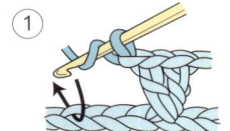
① 화살표와 같이 바늘을 넣어 한길긴뜨기합니다.

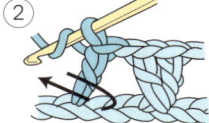
② 화살표와 같이 바늘을 넣습니다.

③ ④ 처음에 뜬 한길긴뜨기의 앞쪽에서 한길긴뜨기합니다.

## 짧은뜨기 앞걸어뜨기

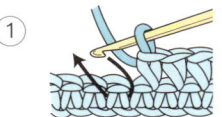
① 화살표와 같이 바늘을 넣어 실을 걸어서 빼냅니다.

② 짧은뜨기합니다.

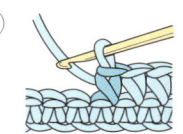
③

## * 사슬코 연결

① 뜨개 끝부분의 실끝 / 이대로 실끝을 코에서 빼낸다 / 단의 첫 번째 짧은뜨기의 코머리
뜨개 끝부분의 실끝을 15㎝ 정도 남기고 자른 후 코에서 빼냅니다.

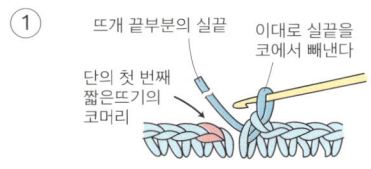

② 돗바늘
실끝을 돗바늘에 꿰어 화살표와 같이 뜨개 시작부분의 코에 넣은 후 뜨개 끝부분의 코에 되돌립니다.

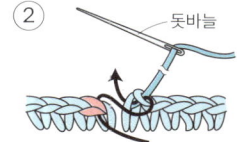

③ ④ 실끝을 안쪽에 끼워 넣어서 처리합니다.

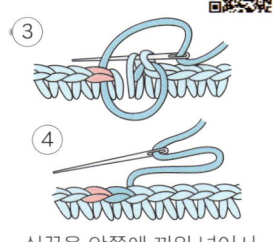

## * 묶어 줍기

아랫단의 사슬코에서 코를 주울 때 화살표와 같이 바늘을 넣고 사슬 전체를 줍는 것을 '묶어 줍기'라고 합니다.

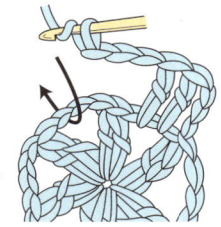

## '갈라 줍기'와 '묶어 줍기'의 차이

2코 이상의 코를 넣어서 뜨는 기호에는 기호 아랫부분이 붙어 있는 경우와 떨어져 있는 경우가 있는데, 각각 아랫단에 넣어서 뜰 때 코를 갈라 줍거나 묶어 줍는 차이를 나타냅니다.

● 갈라 줍는다(나누어 줍는다)

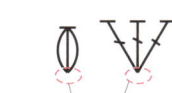
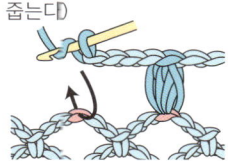
기호의 아랫부분이 붙어 있다

● 묶어 줍는다(다발로 줍는다)

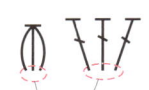

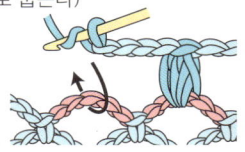
기호의 아랫부분이 떨어져 있다

## * 실의 색을 바꾸는 방법과 실처리

**뜨개질하는 도중에 실을 바꾸는 방법**
실을 바꾸는 코의 앞코를 완성할 때 새 실로 바꿉니다.
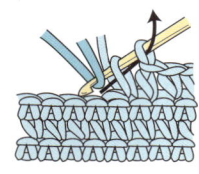

**뜨개바탕의 가장자리에서 실을 바꾸는 방법**
실을 바꾸기 전 아랫단의 마지막 코를 완성할 때 실을 바꿉니다.
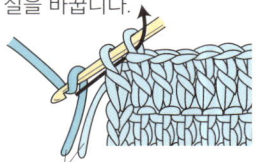
실끝은 묶지 않고 8㎝ 정도씩 남겨놓았다가 다 뜬 후에 처리한다

**단의 마지막에서 실을 바꾸는 방법**
실을 바꾸기 전 0 랫단의 마지막 빼뜨기를 할 때 새 실로 바꿉니다.
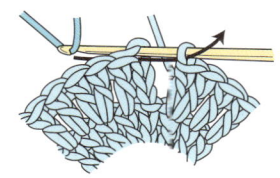

**줄무늬의 경우 실을 바꾸는 방법**
뜨던 실을 자르지 않고 쉬게 해놓은 후 다음 배색 때 실을 걸쳐서 뜹니다.
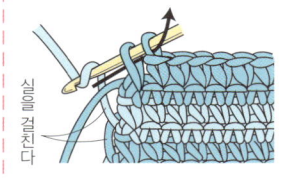
실을 걸친다

**실처리**
작품을 다 뜨면 실끝을 돗바늘에 꿰어서 뜨개바탕의 안쪽에 끼워 넣습니다.
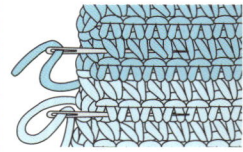

## * 스레드 코드

① 실끝을 끈의 완성 치수 3배 정도 길이로 남겨놓는다
②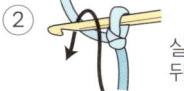

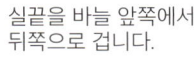
③ 뜨는 실을 바늘에 겁니다.
실끝을 바늘 앞쪽에서 뒤쪽으로 겁니다.

④ 한 번에 뺍니다.
⑤ ②~④를 반복합니다.

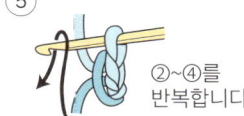

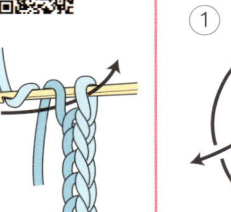
⑥

## * 홑매듭

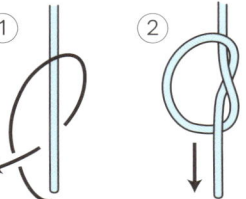
① 끈을 한 번 돌려서 묶습니다.
② 끝을 잡아당깁니다.
③ 완성. 몇 줄이든 같은 요령으로 묶습니다.

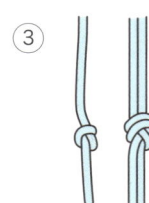

# ✱ 모티브를 연결하는 방법 〈중심부터 뜨기 시작하는 경우〉

## ● 모티브의 마지막 단을 뜨며 연결하는 방법

### 빼뜨기로 연결하는 방법

〈바늘을 빼지 않고 빼뜨기하는 방법〉

※특별히 지정하지 않은 경우에는 이 방법으로 연결합니다.

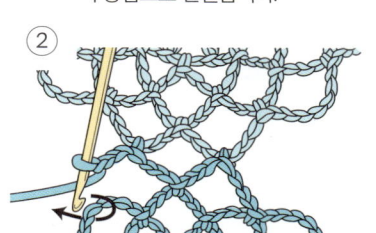

연결하는 모티브의 겉쪽에서 바늘을 넣고 빼뜨기합니다.

〈일단 바늘을 빼는 방법〉

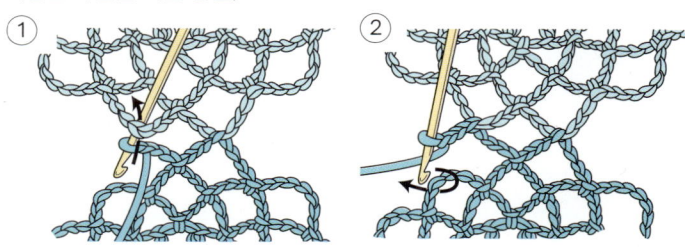

일단 뜨개코에서 바늘을 빼고 옆쪽 모티브의 겉쪽에서 바늘을 넣어 실을 뺍니다.

### 코머리로 연결하는 방법

일단 뜨개코에서 바늘을 빼고 연결하는 뜨개바탕의 겉쪽에서 바늘을 넣어 실을 빼내고 다음 코를 뜹니다.

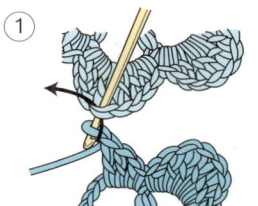 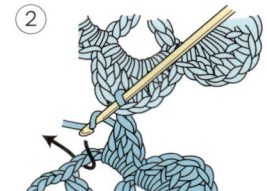 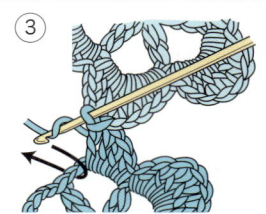

## ● 다 뜬 모티브를 나중에 연결하는 방법

### 감아잇기  모티브 2장을 겹쳐서 돗바늘로 코머리를 떠 올립니다.

〈1코 감아잇기〉

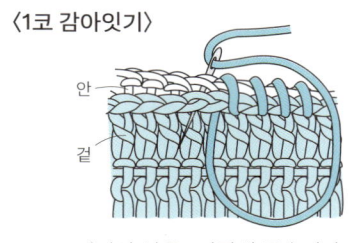

코머리의 실을 2가닥씩 줍습니다.

〈반코 감아잇기〉

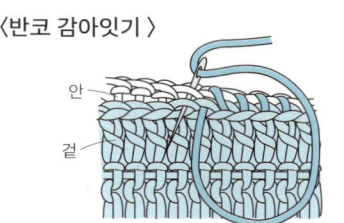

코머리의 실을 1가닥씩 줍습니다.

### 빼뜨기로 잇기

모티브 2장을 겹치고 코바늘로 코머리를 주워서 빼뜨기합니다.

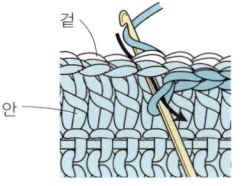

코머리의 실을 2가닥씩 줍습니다.

### 짧은뜨기로 잇기  모티브 2장을 겹치고 코바늘로 코머리를 주워서 짧은뜨기합니다.

〈1코 짧은뜨기로 잇기〉

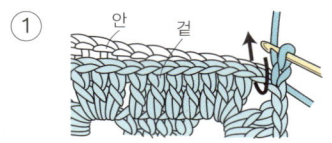 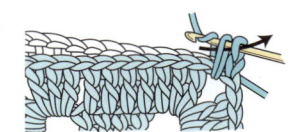

코머리의 실을 2가닥씩 줍습니다. / 짧은뜨기합니다.

〈반코 짧은뜨기로 잇기〉

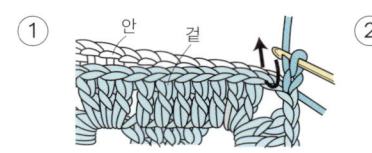 

코머리의 실을 1가닥씩 줍습니다. / 짧은뜨기합니다.

## ✱ 손바느질 기법

### 감침질
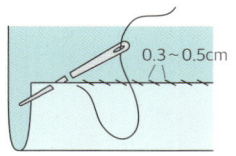
0.3~0.5cm

### 홈질
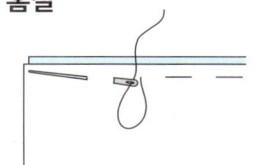

### 휘갑치기
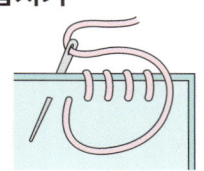

## ✱ 단추를 다는 방법

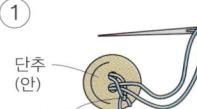
단추(안) / 매듭

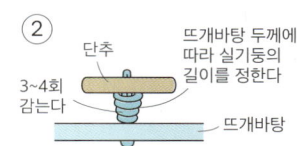
단추 / 3~4회 감는다 / 뜨개바탕 두께에 따라 실기둥의 길이를 정한다 / 뜨개바탕

### 작품 디자인 & 제작

| | |
|---|---|
| ATELIER *mati* | 인스타그램 : @atelier_mati |
| 오카 마리코 | |
| 가네코 쇼코 | |
| 가와이 마유미 | |
| 가와지 유미코 | 인스타그램 : @apricot.world |
| 기도 다마미 | |
| Tipi tricot | 인스타그램 : @tipi_tricot |
| blanco | 인스타그램 : @blanco_knit |
| marshell | 인스타그램 : @marshell705 |
| mimi | 인스타그램 : @mimi_amimono |
| 모치다 아카리 | 인스타그램 : @mochida_akari |
| YURURU | 인스타그램 : @yururu_0800 |
| 유미 | 인스타그램 : @happyumiyumi |
| Riko 리본 | 인스타그램 : @rikoribon |
| lunedi777 | 인스타그램 : @lunedi777 |

### STAFF

편집 / 데라지마 아야코, 기타하라 사야카
뜨개 방법 교열 / 다카하시 사에
촬영 / 구보타 아카네
헤어&메이크업 / 미와 마사코
모델 / 미즈호
북 디자인 / 나카야마 유코(sugarmountain)
도안 / 시라이 마이

### 촬영 협력

아트레나ATRENA ☎ 81-120-554-810
앤트게이지ANTGAUGE ☎ 81-86-474-6799
AWABEES
UTUWA

---

자꾸만 뜨고 싶은 코바늘 손뜨개
## 모티브로 만드는 소품과 의류

초판 1쇄 발행　2025년 8월 15일
초판 2쇄 발행　2025년 11월 30일

| | |
|---|---|
| 지은이 | 부티크사 편집부 |
| 옮긴이 | 김한나 |
| 감수 | 김수산나 |
| 펴낸이 | 최정이 |
| 펴낸곳 | 지금이책 |
| 등록 | 제2015-000174호 |
| 주소 | 경기도 고양시 일산서구 킨텍스로 410 |
| 전화 | 070-8229-3755 |
| 팩스 | 0303-3130-3753 |
| 이메일 | now_book@naver.com |
| 블로그 | blog.naver.com/now_book |
| 인스타그램 | nowbooks_pub |
| ISBN | 979-11-88554-89-8 (13590) |

\* 이 책은 저작권법에 따라 보호를 받는 저작물이므로 무단전재와 무단복제를 금지하며,
　이 책 내용의 전부 또는 일부를 이용하려면 반드시 저작권자와 지금이책의 서면 동의를 받아야 합니다.
\* 잘못되거나 파손된 책은 구입하신 서점에서 교환해드립니다.
\* 책값은 뒤표지에 있습니다.